Georg Blume
Chikako Yamamoto
*Chinesische Reise*

*»Loyalität und Rebellion – Chusei-to-hangyaku«*
Masao Maruyama

Georg Blume
Chikako Yamamoto

# Chinesische Reise

*Provinzen und Städte in der Volksrepublik*
*Mit einem Nachwort von Helmut Schmidt*

中國

Verlag Klaus Wagenbach Berlin

Wagenbachs Taschenbuch 348
Originalausgabe


Umschlaggestaltung von Groothuis & Consorten, Hamburg, unter Verwendung eines Photos von Catherine Henriette / Icone / Agentur Focus. Autorenphotos von Klaus Kallabris. Frontispiz von Katarina Hesse. Das Karnickel auf Seite 1 zeichnete Horst Rudolph. Gesetzt aus der Korpus Life von der Offizin Götz Gorissen, Berlin. Druck und Bindung durch Friedrich Pustet, Regensburg. Gedruckt auf chlor- und säurefreiem Papier. Printed in Germany.  ISBN 3 8031 2348 8

# Inhalt

| | | |
|---|---|---|
| **Peking** | 北京<br>*»nördliche Hauptstadt«* |
| **Guangdong** | 廣東<br>*»der breite Osten«* |
| **Sichuan** | 四川<br>*»vier Ströme«* |
| **Henan** | 河南<br>*»südlich vom Fluß«* |
| **Hunan** | 湖南<br>*»südlich vom See«* |
| **Shaanxi** | 陜西 |
| **Hubei** | 湖北<br>*»nördlich vom See«* |
| **Liaoning** | 遼寧 |
| **Xinjiang** | 新疆<br>*»neue Grenze«* |
| **Tibet** | 西藏 |
| **Shanghai** | 上海<br>*»über dem Meer«* |
| **Japan** | 日本 |

# *Einleitung*

War dem Verleger am europabewegten Abend des zwanzigsten Jahrhunderts ein China-Buch überhaupt zuzumuten? Längst verklungen sind die Reden vom pazifischen Jahrhundert, das uns bevorstünde, außer Mode ist auch das asiatische Wirtschaftswunder. Alles konzentriert sich wieder auf Amerika und die alte Welt. Da war es ein Glück, daß gerade rechtzeitig zum Erscheinen dieses Bandes der fünfzigste Jahrestag der Gründung der Volksrepublik China bevorstand. Und da die Branche Jubiläen liebt, haben wir Klaus Wagenbach gar nicht erst gefragt, welche Intentionen hinter seinem überraschenden Vertrauen in uns standen.

Nun aber liegt dem Leser unsere Arbeit vor, und der zwischenzeitliche Zuspruch des Verlegers und seines unermüdlichen Lektors ermutigt uns, für ein paar Zeilen unsere japanische Zurückhaltung abzulegen, die uns bei unserer China-Betrachtung und -Beurteilung geleitet hat, und dem selbstgefälligen europäischen Zeitgeist ins Auge zu sehen.

Scheuen wir uns also nicht, vorweg folgendes zu sagen: Mit diesem Buch glauben wir, ein historisches Aktenstück abzugeben, die Ergebnisse unseres zehnjährigen gemeinsamen Lebens mit Menschen in China und Japan, ein Werk, das trotz der gaukelnden Abwechslung der Themata doch eine geschlossene Einheit hat und ein Geschichtsbuch ist, das den heutigen Tag ansprechen und in der Zukunft leben wird.

Nicht viel anders kündigte der Frankreich-Korrespondent Heinrich Heine seinem Verleger Campe die »Lutetia. Berichte über Politik, Kunst und Volksleben« an, mit denen sich der deutsche Leser im Herbst 1854 erstmals ein aktuelles Frankreich-Bild und gleichzeitig ein erstes Stück deutsch-französische Verständigung aneignen konnte.

Wie Heines Frankreich-Berichte sollen auch unsere China-Reportagen jene Lücke füllen, die damals wie heute entsteht, wenn ein revolutionärer Prozeß im Ausland, der unsere Zukunft in Frage stellt, von der veröffentlichten Meinung in Deutschland eher mißmutig und besserwisserisch zur Kenntnis genommen wird. Es gibt im Westen einen Haufen chinesischer Dissidentenliteratur, die uns ein großartiges Bild von einem winzigen Personenkreis liefert, in der aber der gewaltige Teil der chinesischen Bevölkerung eine stumme, vom politischen Diskurs vereinnahmte Masse bleibt. Zudem gibt es Regale voller Bücher, die uns die Frage beantworten, auf welchem Weg sich China im einundzwanzigsten Jahrhundert befindet. Wo es um Asien geht, sind Urteile und Verurteilungen im Westen immer billig zu haben. Woran es mangelt, sind Einsichten in eine alltägliche Wirklichkeit, die Menschen und Umwelt von Tag zu Tag verändert. Einsichten in ein China, in dem sich Sichuaner, Guangdonger und Henaner oft genauso voneinander unterscheiden wie Schweden, Deutsche und Spanier.

Die Volksrepublik zählt zweiunddreißig Provinzen, autonome Gebiete und direkt regierte Städte, jede Einheit groß genug, um in Europa eine eigene Nation zu bilden. Doch nicht nur die Größe fasziniert Neben dem Gegensatz zwischen Han-Mehrheit (92 Prozent der Bevölkerung) und Minderheiten wie Tibetern und Uiguren ist China ein Land der feinen Unterschiede – zwischen Chinesen und Chinesen.

Das tüchtige, scharfzüngige Volk der Sichuaner war einst von der Natur wegen seiner guten Böden begünstigt. Doch heute neidet es den Guangdongern, deren Selbständigkeit und Arroganz das neue Reformchina geprägt haben, ihren Erfolg. Chinesischer Reinkultur begegnet man noch in den alten Zentren des Kaiserreichs. In der Provinz Henan am gelben Fluß leben neunzig Millionen Bauern fern vom Glitzer und Glamour der Großstädte. Die Wirtschaftskrise hingegen schlägt dort am heftigsten zu, wo die Kommunisten am mächtigsten waren: Unter den ernsthaften Liaoningern, die der Arbeiterbewegung nicht Lebewohl sagen mögen.

China ist um ein vielfaches unüberschaubarer als das trotz Balkankrise relativ geordnete Europa. Allein Sichuan umfaßt die Landmenge Frankreichs und zählt soviel Einwohner wie Deutschland und die Benelux-Länder zusammen. Mögen die Namen der unzähligen Gastgeber, die uns auf der Reise mit Geist und Geduld beschenkten, dem Leser auch gleich wieder entfallen: Ihre Vielfalt und Individualität sind echt und weder vorgespielt noch frei erfunden. Sie sind das vorläufige Ergebnis einer chinesischen Aufklärung, deren Wucht und Kraft nur gewahrt, wer die Machtzentralen umgeht und auszieht, mit dem größten Volk der Welt zu reden.

Es heißt, das wäre bislang nicht möglich gewesen, weil die kommunistischen Behörden den ausländischen Berichterstattern Steine in den Weg gelegt hätten. Doch spätestens seit Mitte der neunziger Jahre scheint die Pose der westlichen Kuriere, die sich stets von dunklen Mächten verfolgt sehen, ein wenig geziert. Die Chinesen fürchten den Kontakt zu westlichen Besuchern nicht mehr. Nur in Ausnahmefällen, die meist Dissidenten betreffen, kommt es zu Verfolgungen wegen der Übergabe von Informationen an Ausländer. Auf unserer Reise durch die ärmsten Provinzen brachte uns nur eine stolze Witwe in Erklärungsnöte, die in der Trauer über den gewaltsamen Tod ihres Mannes während einer Bauerndemonstration die ausländischen Besucher zunächst abwies (siehe dazu das Kapitel ›Bauern für Bürgerrechte‹).

Wir verstehen unser Amt in China, wie Heinrich Heine das seine in Frankreich definierte. Genausowenig wie er vor 150 Jahren die schrecklichschöne Zukunft der deutsch-französischen Beziehungen voraussagen konnte, können wir das zukünftige Verhältnis zwischen China und dem Westen beschreiben. Doch genauso wie Heine schon damals mit jeder Zeile seiner Frankreich-Berichte dem »wechselseitigen Mißtrauen« zwischen Deutschen und Franzosen entgegentrat, wollen wir mit jedem Dorfbesuch in der chinesischen Provinz eine Ahnung von den unausgeschöpften Verständnismöglichkeiten mit 1,25 Milliarden Chinesen geben.

»Wenn wir es dahin bringen, daß die große Menge die Gegenwart versteht, so lassen sich Völker nicht mehr von den Lohnschreibern der Aristokratie zu Haß und Krieg verhetzen.« So kündigt der deutsche Dichter sein erstes Frankreich-Buch, die »Französischen Zustände« an. Und so treten wir heute den Lohnschreibern der herrschenden Meinung im Westen entgegen, die in China längst den Teufel des einundzwanzigsten Jahrhunderts ausgemacht haben, der ihre neue Weltordnung in Frage stellt. Wir fragen: Was wäre die Welt heute ohne China? und antworten: Sie wäre so langweilig wie das Europa des Fürsten Metternich ohne Frankreich.

»China ist aufgestanden«, verkündete der Große Vorsitzende Mao Zedong vor fünfzig Jahren. Doch es stimmte nicht. Damals erwirtschaftete die Volksrepublik weniger als fünf Prozent des Weltsozialproduktes. Heute sind es immerhin elf Prozent, doch 1830 waren es schon einmal dreißig Prozent. Irgendwann im 21. Jahrhundert wird sich China diesen rechtmäßigen Anteil am Reichtum der Welt zurückerobern. Bis dahin aber müssen noch viele Chinesen aufstehen. Von ihren Gehversuchen erzählen wir: Von Genetikern, die in Peking neue Reiskörner züchten, Journalisten, die in Guangzhou freche Zeitungen drucken, Arbeitern, die in Sichuan die Eisenbahn blockieren, Bauern, die in Shaanxi ihren Bürgermeister wählen, Bergleuten, die in Liaoning die Konsequenzen der Reformpolitik ertragen, Wüstenbewohnern, die in Xinjiang Allah anbeten, Hirten, die in Tibet für den Gasherd sparen und Professoren, die in Shanghai deutscher Juden gedenken. Ihnen allen ist Erfolg zu wünschen, denn mit jedem Chinesen, der aufsteht, wird die Welt ein bißchen gerechter.

Viele Zeitgenossen jedoch beschleicht immer noch stilles Grauen bei der Vorstellung, das Brot dieser Erde mit jedem fünften Weltbürger zu teilen, der ein Chinese ist. Denn täuschen wir uns nicht: All die gutgemeinten Aufrufe für die Menschenrechte in China, die dieser Tage noch die reaktionärsten Zeitungen des Westens füllen, sie werden nur solange gedruckt, wie die Ankündigung Maos unser mehr oder weniger beschauliches Dasein in Europa nicht beeinträchtigt.

Immer noch bedarf es nur kleiner Zuckungen dieses mächtigen Volkes, schon erschallt in den Medien des Westens der Ruf, die Chinesen seien nationalistisch, ausländerfeindlich und antiwestlich. So waren die Reaktionen, als im Frühjahr 1999 ein paar tausend Studenten vor den Pekinger Botschaften der Vereinigten Staaten und Großbritanniens gegen die versehentliche Bombardierung der chinesischen Botschaft in Belgrad während des NATO-Angriffs auf Jugoslawien demonstrierten. In Wirklichkeit war den Studenten wenig vorzuhalten: Sie empörten sich über einen Vorfall, bei dem drei hilflose, unbeteiligte Menschen mit modernsten Raketen getötet wurden, und waren enttäuscht vom vermeintlich unfehlbaren Westen. Doch Empörung und Enttäuschung der Chinesen, die auch der deutsche Botschafter in Peking in den Tagen des Dramas für echt befand, ließ die herrschende Meinung im Westen nicht gelten. Für sie waren die Pekinger Demonstranten die willigen Helfer einer feindlichen Staatspropaganda, die während des Balkankrieges gegen die NATO hetzte. Differenzierung zwischen Volks- und Regierungsmeinung, das war anscheinend zu viel verlangt, denn nun ließen sich die Chinesen mit ihren ältesten, abscheulichsten Grimassen skizzieren – als obrigkeitstreue Spießgesellen, denen das Wort einer korrupten Führung alles gilt.

Plötzlich schien es undenkbar, daß die Studenten der gleichen Universitäten zehn Jahre zuvor in einer der mutigsten Volksrevolten des späten zwanzigsten Jahrhunderts für die Werte der Republik eingetreten waren. Angeblich waren sie nun alle staatshörig geworden. Dabei hatte unter den westlichen China-Forschern eigentlich längst Einverständnis darüber geherrscht, daß sich die chinesische Gesellschaft der neunziger Jahre durch zunehmend größere individuelle Freiheiten und einen wachsenden Pluralismus auszeichnet. Genau diesen Phänomenen haben wir auf unserer Reise nachgespürt, um falschen Allgemeinurteilen über die angebliche Sklavenmentalität der Chinesen entgegenzuwirken.

Wir wollen dagegen verallgemeinernd feststellen, daß uns die Chinesen an der Schwelle zum einundzwanzigsten Jahrhundert in aller Regel nicht als Nationalisten begegnet sind, die andere Völker verachten. Davon können wir mit um so mehr Erfahrung sprechen, da das Volk, das die Chinesen am wenigsten mögen, die Japaner sind. Doch selbst hier ist das Verhältnis komplizierter als es erscheint, weshalb Chikako Yamamoto ihm ein eigenes Kapitel gewidmet hat. Haßgefühlen gegenüber Europa und Amerika aber wird man als Gast im Reich der Mitte nur dann begegnen, wenn man sie umgekehrt selbst mitbringt. Dann spiegeln sich in der gelben Hautfarbe immer noch die alten Vorurteile über das von Kommunisten geknechtete Volk der Unterwürfigen, das auf heimliche Rache sinnt.

Um die antikommunistische Schablone in unseren Köpfen loszuwerden, müssen wir unseren Blick auf das Innere des Landes richten, weg von Peking und den Parteifürsten. Jeder siebte Mensch ist ein armer chinesischer Landbewohner. Er weiß, daß unter Mao Hungersnöte und die Kulturrevolution das Land plagten. Aber er weiß auch, daß nach der sozialistischen Landreform von Deng Xiaoping im Jahr 1978 jeder Dorffamilie ein Stück Boden zur freien Bewirtschaftung zugesprochen wurde und erst damit ein menschenwürdiges Leben auf dem Land wieder möglich wurde.

Um diesen Erfolg im Rahmen des westlichen Wirtschaftsdenkens besser erklären zu können, spricht man bei uns oft fälschlicherweise von einer Privatisierung der chinesischen Landwirtschaft. In Wirklichkeit aber verpachtet der Staat nur die Böden bis zum Tod des Nutzers, um sie dann je nach Bedürftigkeit im Dorf neu zu verteilen. Grundsätzlich bleibt der Handel mit Grund und Boden in China untersagt. Allein diese Regelung rechtfertigt Deng Xiaopings Begriff von der

»sozialistischen Marktwirtschaft«, da sie den ärmsten Chinesen, die nicht den Sprung in die Stadt schaffen, im Kern ein Recht auf Boden verbürgt, das es in keiner freien kapitalistischen Gesellschaft des Westens so gibt.

Ein verbohrter Marktwirtschaftler wird empfehlen, daß es in China nun höchste Zeit für eine Bodenprivatisierung sei, die den Namen verdiene. Zumal die Effektivität der chinesischen Landwirtschaft viel zu wünschen übrig läßt. Doch genau hier stellt sich die Systemfrage, vor der die Reformer in Peking genausoviel Angst haben wie die Globalisierungsbefürworter in Washington und Brüssel: Vermag die freie Weltwirtschaft, wenn ihre Regeln erst einmal in China gelten, noch einmal eine Milliarde Menschen zu integrieren? Oder wird sie das Reich der Mitte, abgesehen von ein paar reichen Städten, in einen seelenlosen Slum verwandeln, vor dem die jetzige Ordnung als friedliche Idylle erschiene? Nur schemenhaft sind bisher die ideologischen Gegensätze am Horizont erkennbar, die das Verhältnis zwischen Ost und West im beginnenden Jahrhundert prägen werden. Am Ende könnte der Sozialismus gar eine Renaissance erleben und Deng recht behalten. Doch ist das nicht das Thema unserer Zeit. Heute gilt es vor allem, den Blick auf China offen zu lassen.

Der Leser begegnet auf unserer Reise vielen Bauern und Arbeitern, die sonst keine Stimme in der Öffentlichkeit besitzen. Ihre Namen und die einiger kleiner Ortschaften haben wir zum Teil in eigener Entscheidung geändert, obwohl die Betroffenen das nur in den seltensten Fällen verlangten. Aber selbst wenn die Menschen heute vor Verfolgungen sicher sind, weiß man nie, wen die Sicherheitspolizei in Zukunft ins Visier bekommt. Selbstverständlich sind alle übrigen Personen und Orte mit richtigen Namen angegeben.

Zum Dank sind wir vor allem der ZEIT-Redaktion und ihrem Chefredakteur Roger de Weck verpflichtet, der unsere Fahrten in die chinesischen Provinzen anregte und immer dann mit aufmunternden Zurufen zur Stelle war, wenn uns die Reisemüdigkeit zu überfallen drohte. Ebenso danken wir den Redaktionen der tageszeitung und der Weltwoche, die unsere längeren Abwesenheiten auch dann ertrugen, wenn über wichtige Ereignisse hätte berichtet werden müssen. Dankbar sind wir allen Redakteuren, die mithalfen, daß Teile unserer Reportagen seit 1997 in Form von Artikeln in der ZEIT, der tageszeitung und der Weltwoche erscheinen konnten.

Unser besonderer Dank aber gilt Helmut Schmidt, der sich in den letzten Jahren wie kein anderer Europäer Zeit nahm, mit uns die Entwicklungen in China und Japan zu diskutieren. Schmidt eröffnete als Herausgeber der ZEIT in Peking das erste Büro der Zeitung, in dem wir seit zwei Jahren arbeiten. In seiner stets neugierigen Offenheit gegenüber China und Japan, in seinem Respekt für die Leistungen der beiden Völker und in seiner analytischen Kraft, mit der er die Ereignisse in Ost und West zu interpretieren versteht, hat ihn immer das Bewußtsein von den politischen Herausforderungen für eine zivile Weltgesellschaft geleitet. Wir glauben, daß wir mit diesem Buch einige der Perspektiven auf diese Weltgesellschaft gezeigt haben, so, wie sie sich von China aus stellen.

# Peking

*Die neuen Farben im Arbeiterstadion*

**Die »blühenden Wiesen«** kennt in Peking fast jeder. So heißt die Straße vom Russenviertel entlang dem Park des Sonnenaltars bis zum alten Obstmarkt. Hier wohnen wir im Neubau einer Hongkonger Baufirma. Vor uns das Bezirksgericht, links eine Schule, rechts der Markt und ein Block Arbeiterwohnungen.

Zum Einkaufen auf dem Markt nehmen wir unsere Kinder mit, dann werden Äpfel, Eier und Tofu billiger. Sonst wird gehandelt – bei Ausländern beginnt man auf doppeltem oder dreifachem Niveau. Mit Kindern ist alles anders, sie bekommen alle Aufmerksamkeit, zumal sie anders aussehen als der chinesische Nachwuchs. Meistens ist unsere Zweijährige falsch angezogen. Gemüsefrauen und Melonenmänner lassen sie nicht los, ziehen an ihren Hosen und Strümpfen, schimpfen auf Mutter und Vater, denn sie meinen, das Kind friert. Es heißt, die Pekinger ziehen in Frühjahr, Herbst und Winter ihren Kindern drei lange Hosen übereinander an, weil sie zu arm zum Heizen sind. Das mit dem Heizen stimmt zwar in der Regel nicht mehr, aber die Kinder tragen immer noch drei Hosen und darüber nicht selten einen bunten Skianzug. Skianzüge werden in China eigentlich nicht gebraucht, denn es gibt nur wenige Skipisten, aber man stellt sie für den Export und die Kleinen her, die darin so schön schwitzen und glänzen.

Kinder gibt es auf den »blühenden Wiesen« jede Menge. Die Ein-Kind-Politik fällt zunächst nicht auf, weil es so viele junge Familien mit einem Kind gibt. Das Mädchen mit den feinsten Kleidern ist die Tochter des Filmstars und -regisseurs Jiang Wen (»Das rote Kornfeld«) und seiner französischen Frau. Sie läuft ständig unserer Zweijährigen hinterher und wird dabei kreischend von ihrer Kinderfrau verfolgt. Neulich waren wir zu ihrem zweiten Geburtstag eingeladen. Es erschienen neben den Nachbarn auch berühmte Gäste und ein Zauberer, der Luftballons platzen ließ. Vater Jiang Wen aber versteckte sich hinter der Videokamera und filmte auch unsere Tochter.

Viele Kinder aus unserem Haus gehen zur Schule nebenan. Morgens um sieben sieht man sie auf dem Bürgersteig frühstücken. Kleine Garküchen bedienen zu dieser Zeit die Menschen auf dem Weg zum Arbeitsplatz. Der Frühstücksbäcker rollt Weizenteig zu einem langen Streifen, den er hochwirft, faltet und ins kochende Öl wirft. Nach wenigen Sekunden ist die Teigstange goldbraun gebraten und wird in süße Sojamilch getunkt.

So gestärkt muß sich der Nachwuchs um acht Uhr unter der chinesischen Nationalflagge zum Morgenappell auf dem Schulhof aufstellen. Alle Kinder tragen gelbe Mützen. Sie nehmen sie ab, wenn ein paarmal im Jahr die Nationalhymne erklingt. In vielen Pekinger Schulen gibt es einen einheitlichen Trainingsanzug für alle, in manchen auch Uniformen. Unsere Nachbarschule gilt als Eliteanstalt, weil ab der ersten Klasse einige Fächer in Englisch unterrichtet werden. Viele Kinder von Auslandschinesen kommen hierher. Sie sind von ihren Pekinger Mitschülern nicht mehr zu unterscheiden. Jungen und Mädchen sind adrett herausgeputzt, moderne Großstadtkinder von den Markenturnschuhen bis zur frischen Frisur. Die meisten holt am Nachmittag eine Mutter oder ein Teil der Großeltern ab, entweder auf dem Fahrradrücksitz oder in der Luxus-Limousine.

Für viele Pekinger Frauen sind Kinder nicht alles im Leben. Sie haben verschiedene Möglichkeiten, die Kleinen unterzubringen, während sie der Arbeit oder dem Studium nachgehen. Kindertagesstätten, die von morgens um sieben bis nachmittags um fünf geöffnet sind, bleiben für Chinesen billig und werden auch in gebildeten Gesellschaftskreisen als selbstverständlich betrachtet. Außerdem gibt es für viele einheimische Familien die Alternative, eine Kinderfrau aus der Provinz aufzunehmen. Gegen einen Mini-Lohn versorgt sie das Kind Tag und Nacht und freut sich obendrein, in der Hauptstadt zu sein. Feine Leute leisten sich deshalb Kinderfrauen, die aus Peking stammen. In ganz feinen Familien aber kommt die Hausfrau wieder in Mode. »Quanzhimuqin« – »vollberufliche Mutter« – nennt sich der neue Frauentyp, der für das Kind zu Hause bleibt. Zu ihr gehört ein stolzer Mann, der die Familie reich macht. In den Pekinger Zeitungen wird derweil heiß diskutiert, welche Lösung für Frauen die bessere ist. Man vermeidet dabei den alten Begriff für Hausfrau. Denn »Jiatingfunü« kann nur sein, wer nie die Schule besuchte und zu dumm war, einen Beruf zu erlernen.

Kinderfreundlich ist Peking natürlich nicht. Alltagssmog und Verkehrschaos belasten das Familienleben. Die Benutzung öffentlicher Verkehrsmittel mit Kindern macht auch die stärksten Eltern müde. Aber im Park des Sonnengottes ist alles für den Nachwuchs hergerichtet: Autoscooter und aufgeblasene Plastikberge konkurrieren in der Kindergunst mit den alten, noch vom Kaiser künstlich angelegten Lavahügeln, durch die dunkle Gänge führen. Ein altes Amphitheater dient als Fußballplatz, unter Pappeln und Platanen spielen alt und jung Brettspiele an Steintischen. Mitten im Park ist im Sommer ein Teehaus geöffnet. Dort hängen die Rentner ihre Haustiere, die Kanarienvögel, in den mitgebrachten Käfigen an den Baum und lauschen dem Zwitschern bei einer Tasse Tee, in die beliebig oft heißes Wasser nachgegossen wird.

Im Park des Sonnengottes ist immer etwas los. Ab sechs Uhr morgens treffen sich Jogger und Schwertkämpfer zum Frühsport. Jung Verliebte spielen Badminton und alte Ehepaare trainieren Taichi. Wenig später kommen die Wanderarbeiter, die sich auf einer Parkbank von der Nachtschicht ausruhen, denn ihre Quartiere sind schmutzig und überfüllt. Am

Vormittag dient der Park den Kinderfrauen mit ihren Babys als Spielplatz, nachmittags streunen Schulkinder mit Computerspielen herum, abends herrscht Festatmosphäre: Dann kommen die Tanzgruppen der Erwachsenen mit ihren krakeelenden Lautsprechern und schwingen sich im Walzertakt durch die Pekinger Nacht.

Gegenüber vom Park tagt das Gericht. Dunkelblaue Sträflingswagen mit schwarzen Gitterfenstern fahren ein und aus. Vor den Stufen zum Gerichtssaal versammeln sich besorgte Angehörige in ihren besten Stadtkleidern. Der Bau wirkt düster und abweisend. Nach der Studentenrevolte von 1989 wurden im Bezirksgericht Chaoyang viele Demonstranten zu Gefängnisstrafen verurteilt. Doch seither hat sich das Justizgeschehen verändert. Im Nachbarhaus haben in den letzten Jahren drei Rechtsanwälte Büros eröffnet. Ihre Wartezimmer sind ab acht Uhr morgens geöffnet und verlangen nach Kundschaft. Auch in unser Haus ist ein Rechtsanwalt eingezogen und hat als erstes den Verkäufer der Wohnung verklagt, weil ihm eine zu hohe Quadratmeterzahl berechnet wurde.

Später schrieb er die Hausordnung neu und setzte im Pekinger Rathaus gegen viel bürokratischen Widerstand die Einrichtung eines Mieter- und Eigentümerkomitees durch. Jetzt treffen wir uns einmal im Jahr und wählen demokratisch unsere Vertreter. Das hat bereits die Ablösung der für die Wartungsdienste zuständigen Firma des Hauses zur Folge gehabt und damit eine Reduzierung der Wartungsgebühren für alle Hausbewohner.

Uns umgibt die Aufbruchstimmung der Neureichen, die ein Gespür für ihre Rechte entwickeln. Der Diyang-Apartmentblock besteht aus annähernd hundert Eigentumswohnungen, von denen eine Hälfte vermietet ist und die andere von ihren Besitzern genutzt wird. In Peking gibt es das erst seit Ende der neunziger Jahre: Private Wohnblöcke, in die die Behörden nicht bei jeder Gelegenheit hineinregieren. Viele unserer Nachbarn sind glücklich, ein eigenes Heim zu besitzen, laden gern auf ein Glas ein, um die neue Couchgarnitur vorzuführen. Dabei schrecken sie selten davor zurück, ihre politische Meinung zu sagen, die oft differenziert genug ist, daß sie mehrstündige Gespräche erlaubt.

Ein wenig ist bei diesen Anfängen des privaten Wohnungsbaus noch übriggeblieben von der alten Nachbarschaftsatmosphäre im Arbeiterwohnblock, wo sich die Komitees der sozialistischen Massenorganisationen um alles kümmern, die Partei von jeder Schwangerschaft erfährt und der Privatbereich klein ist. Die Überwachungsmentalität in den alten Vierteln ist bis heute für viele junge Leute ein Grund, nach privaten Unterkünften Ausschau zu halten. Aber man stellt nicht von heute auf morgen von enger Nachbarschaft auf totale Anonymität um. Man ist noch daran gewohnt, vor der Haustür miteinander zu reden. Als einer unserer Nachbarn, ein gebürtiger Pekinger, von seiner Firma für ein Jahr nach Amerika entsandt wurde, mietete er ein Lokal, um mit seinen Freunden und mit allen Bewohnern unseres Hausabschnitts Abschied zu feiern. Serviert wurde die traditionelle Peking-Ente im Weizenfladen, dabei sprach man über die Nachbarschule, die jüngste Rede des Regierungschefs und die Frage, welche Aufgaben Männern im Haushalt zukommen. Die Unterhaltung hätte in Tokio oder Berlin kaum besser sein können.

Von unserem Haus führt eine zu jeder Tageszeit lebendige Marktstraße nach Norden. Sie wird von Fleischer- und Nudelbuden flankiert, vor denen Friseure mit Hocker und Schere ihre Kundschaft bedienen. Unterwegs bietet ein moslemisches Restaurant Schaschlikspieße an. Nach zweihundert Metern erreichen wir die Chaoyangmenwai-Straße, eine der größten Kaufhausmeilen Pekings. Man erwarte allerdings nicht zuviel. Der dickste Betonklotz, das Seasky-Kaufhaus, mußte nach einem Jahr wieder schließen und steht verlassen da. Statt dessen herrscht beim alten Billigkaufhaus Landao immer noch großer Andrang. Der Luxus in Peking hat Grenzen. Für eine relativ wohlhabende Familie darf eine Jeans nicht mehr als umgerechnet zwanzig Mark kosten. Die Gehälter sind in den letzten Jahren kaum noch gestiegen. Studierte Finanzmanager, die im China-Boom Mitte der neunziger Jahre für Monatsgehälter von dreitausend Mark von ausländischen Firmen angestellt wurden, bekommen zur Jahrhundertwende nur noch die Hälfte gezahlt. Kein Wunder, daß die Niederlassung von Hugo Boss auf der Chaoyangmenwai stets wie ausgestorben wirkt. Die amerikanischen Fast-Food-Läden dagegen sind immer voll.

Wenige Schritte über die Kaufhausmeile hinaus betritt man den Park des Arbeiterstadions. An einem regnerischen Oktobertag waren wir das letzte Mal hier – mit der grünen Fahne unserer Mannschaft und der bunten Plastiktrompete. Am himmelhohen Rand des Stadions, unter verrostetem Wellblech, durch das der Regen tropfte, kauerten die Pekinger Fans auf nassem Beton. Draußen tobte ein kalter Herbststurm aus der Wüste Gobi. Weit unten, auf dem grünen Rasen, glänzte das Wasser im Flutlicht.

An diesem Tag war von der Masseneuphorie, die Fußball in China inzwischen auslösen kann, nichts zu spüren. Im Herbstregen versammelten sich die echten Fans, ein gemischtes Publikum aus Arbeitern in Montagekluft und Angestellten im Anzug, von denen jeder zweite die Namen der deutschen Weltmeister von 1974 auswendig wußte. Fußball kennt auch in China keine sozialen Grenzen, und seit hier ein Ostdeutscher erfolgreich als Trainer wirkte, ist der deutsche Fußball unter Pekingern besonders beliebt. Vielleicht weil er so nordisch und kraftvoll wirkt. Der beste chinesische Fußball wurde bisher immer im Norden, in der Provinz Liaoning gespielt, deren größter Hafen Dalian heißt.

Voll wie zu Zeiten Mao Zedongs war das Arbeiterstadion bisher nur einmal in der Saison: Wenn Peking gegen den dreimaligen Meister der vier Jahre jungen Profiliga, Dalian Wanda, antrat. Dann tauchten achtzigtausend Pekinger das ausverkaufte Stadion in das Grün ihres Fußballclubs – als wollten sie demonstrieren, daß die Hauptstadt die Farben gewechselt hat, von Rot auf Grün, von der Partei zum Fußball.

Einen Abend ohne Familie verbringt man am besten in Sanlitun. Im Schatten von Maos alter Arena liegt das neue Künstlerviertel der Hauptstadt. Mehrere Dutzend Straßencafés, Jazzkneipen, Teesalons und Salsa-Bars säumen die Sanlitunstraße und eine kleine Seitengasse vor dem Arbeiterstadion. Wo nach dem Krieg nur Stadtrand war, Bauarbeiter Lehmgruben aushoben und die 6. Maschinenfabrik Werkbänke produzierte, gehen nun abends die Lichterketten an. Aus den niedrigen Gebäuden, die früher als Läden und Lager dienten, schallt Stimmengewirr und westliche Musik. Unter den Akazien am Straßenrand laden Cafétische junge Chinesen ein, ihre japanischen und westlichen Freunde jenseits luxuriöser Hotelpforten auszuführen. Das alles war bis Mitte der neunziger Jahre noch undenkbar.

Auf der Sanlitun ist kaum ein Lokal älter als drei Jahre. Fast jedes hat eine ausgefallene Einrichtung und einen außergewöhnlichen Besitzer. »Unser Viertel ist wie das Quartier Latin von Paris, als sich dort noch Sartre und Camus trafen. Sanlitun ist nicht chic. Hierher kommen weder Geschäftsleute noch Neureiche. Unser Publikum sind die jungen Intellektuellen, die Discos und Karaoke nicht ausstehen können und zu uns kommen, um eine Nacht lang zu diskutieren«, charakterisiert die vierzig Jahre alte Innenausstatterin Boriana Song das Viertel.

Song, eine Künstlerin chinesisch-bulgarischer Abstammung, dekorierte ein Teehaus an der Sanlitun im alten chinesischen Stil. Doch die Rückbesinnung auf die Tradition kam beim Publikum nicht an. Inzwischen ist aus dem Teehaus eine Disco geworden, in der billiger Rotwein mit Limonade, Eiswürfeln und gerösteten Sonnenblumenkernen serviert wird. Auch das ist ein Merkmal von Sanlitun: Jeden Tag scheint hier eine neue Bar zu öffnen und eine andere zu schließen.

Henry Lee trägt Versace und gehört zu den Veteranen der Straße. »Öffentlicher Raum« hat der siebenunddreißigjährige Shanghaier sein Barcafé genannt und sich dabei auf das altgriechische Konzept vom öffentlichen Raum als Ort der freien

Aussprache besonnen. Henry ist der Sohn eines renommierten Wirtschaftprofessors der Partei. 1985 wanderte er nach Australien aus; in Sydney brachte er es zum Vizemanager des »Hyatt«-Hotels, bis er sich nach Peking berufen fühlte. »Peking ist eine Herausforderung, weil man verändern kann, was die Menschen am Abend tun«, erläutert der einzige ausgebildete Gastwirt auf der Sanlitun. »Ich erziehe mein Publikum westlich: Von der philosophischen Grundidee bis zur Kunst, die ich ausstelle, und dem Essen, das ich serviere.«

In seinem Lokal ist nichts dem Zufall überlassen: blaue chinesische Designermöbel, japanische Collage-Kunst, Hanfplakate und Versace-Poster. Das lockt Frauen wie Zhou Bin und Jenny Yamasaki, die früher für Chinas Zentralballett tanzten und heute ihren Welttourneen nachträumen. Die Vierzig- und die Sechsunddreißigjährige lieben es, mit ihrem Freund Henry bis um zwei Uhr nachts Cappuccino zu schlürfen. »Wir sind zu alt zum Tanzen. Aber er macht uns das Überleben unter chinesischen Bedingungen leicht«, loben beide.

Im Sommer 1997 öffnete nicht weit entfernt das »Jam House«. Dessen Managerin Bing Bing ließ die Wandmalereien von deutschen Kindern in Peking ausführen – keine zweite Kneipe erscheint jetzt so unverdächtig bunt nach außen. Ein bißchen Tarnung kann hier nicht schaden: Im »Jam House« gibt die neue, junge Musikszene wilde Konzerte, die manchen Politkader verstört zurücklassen würden.

Schräg gegenüber im Barrestaurant »Versteckter Baum«, das seine Pforte unter einer Pappel versteckt, trifft sich die vom Westen gefeierte moderne Pekinger Kunstszene: Maler, Fotografen und Filmleute. »Ich wollte einen Ort schaffen, der ein bißchen ehrlicher und ernsthafter ist als all die ekelhaften Hotels und Hofbräuhäuser westlichen Stils in Peking«, sagt Katrien Costenoble, die aus Belgien stammt. Dafür fand sie einen geeigneten Partner: Der Drehbuchautor Li Ji schrieb zuletzt das Drehbuch für den in Europa preisgekrönten, in China verbotenen Film »Der Sohn« des Nachwuchsregisseurs Zhang Yuan. Nun achtet Li nebenberuflich darauf, daß im

»Versteckten Baum« das Publikum erscheint, das seiner anspruchsvollen Lebens- und Geschäftspartnerin gefällt.

Der dreißigjährige Rong Rong hat hier regelmäßig Dia-Shows veranstaltet. Vor Jahren kam er mittellos aus der Provinz nach Peking, schloß sich einigen unabhängigen Künstlern an und arbeitete sich zum gefragten Performancefotografen hoch. Erst vor kurzem wurden seine Bilder in Berlin und Wien ausgestellt.

Rong Rong ist dafür den Gastwirten des »Versteckten Baumes« dankbar: »Mit ihrem Lokal habe ich einen Ort gefunden, wohin ich Ausländer einladen kann und wo ich mich trotzdem zu Hause fühle.« Früher hätten sich chinesische Künstler mit Ausländern in deren teuren Hotels verabreden müssen. Jeder Besuch habe einer Fürstenaudienz geähnelt. Rong Rong kommt nicht zum Zeitvertreib auf die Sanlitun: Ihm geht es darum, mit Freunden und Kollegen über wichtige Fragen zu reden. Sanlitun ist für ihn ein symbolischer Ort für eine andere Kultur.

Man ist selbstbewußt, jedoch nicht auftrumpfend in diesem Viertel. Denkfreiheit lautet die Devise, auch über Politik wird diskutiert: Erfahrungen von der Kulturrevolution bis zur Studentenrevolte kommen hoch – wer wann wo mit wem den Lehrer verjagt hat und später an der Uni demonstrieren ging. Trotzdem dominieren Gegenwartsthemen: Chinas neue Weltmachtrolle, sein Verhältnis zu Japan und Amerika wird gerne mit Ausländern diskutiert. »Wir Chinesen sind bescheiden und sehen uns in der Welt um«, sagt der Maler Yi Ling. »Wir haben Hegel und Marx übersetzt, während Ihr in Europa Lao-tse immer noch nicht gelesen habt.«

Yi, sechsunddreißig, dessen Vollbart und kahlgeschorener Kopf dem Idealtyp des chinesischen Weisen entsprechen, ist mehr als eine Lokalgröße. Er gewann 1995 den Ausschreibewettbewerb des neuen internationalen Flughafens von Maastricht, wo nun riesige Wandgemälde für asiatische Kunst werben. Interessanter sind die Werke, die bis vor kurzem im »Versteckten Baum« zu sehen waren. Farbig monotone Ölgemälde, in deren wilder Pinselführung sich zahlreiche chinesische Schriftzeichen verbergen. Yi weist auf ein hellblaues Labyrinth und zieht mit dem Finger nach: »Reichtum, Reichtum, Reichtum« steht dort zu lesen.

Damit spielt der Maler auf ein heikles Thema an. Denn verlangt nicht auch das Nachtleben von Sanlitun nach immer mehr Geld? Eine Tasse Kaffee und der halbe Liter Peking-Bier kosten hier fünfzehn Yuan, knapp drei Mark also. Doch wer außer ihm hat schon Bilder nach Europa verkauft?

Wie lange wird es noch dauern, bis Künstler und Musiker auf der Sanlitun durch den Massenbetrieb wieder in ihr isoliertes Privatleben zurückgedrängt werden? Schon gilt das Viertel als Touristenattraktion. Hier haben drei chinesische Jungunternehmer, die das große Geschäft suchen, ein Terrassen-Restaurant mit eigener Bierbrauerei errichten lassen. Dort öffnet ein neues Spezialitätenlokal. An manchen Tagen kann der Eindruck entstehen, als seien auf Sanlitun nur noch Leute mit dickem Geldbeutel willkommen.

Die Pekinger Szene hat nichts dagegen: Vor allem Touristen bieten Schutz vor den Behörden. Wäre die Sanlitun-Straße erst einmal eine Attraktion wie das Quartier Latin in Paris, würden sich die Stadtmächtigen nicht trauen, die langen Pekinger Sommernächte zu stören. Bis vor ein paar Jahren gab es jede Nacht Polizeirazzien. Nun wollen die Behörden eine neue Verkehrsader mitten durch das Viertel legen und viele alte Gebäude abreißen. Noch sträubt sich das lokale Straßenkomitee. Obwohl es zunächst im ständigen Streit mit den Gastwirten lag, hat es die Barstraßen inzwischen als Steuerquelle entdeckt und ein grünes Schild neben den üblichen Propagandatafeln aufstellen lassen: »Sanlitun Bar Street« – liest sich der offizielle Weihe- und damit Schutztitel der bunten Künstlermeile.

Maler und Filmemacher haben es in Peking vergleichsweise leicht. Ihre Produkte können in aller Regel unbehelligt das Land verlassen. Der Applaus, den sie beim ausländischen Publikum ernten, macht sich in aller Regel gut bezahlt. Kein gutes Museum für moderne Kunst in New York oder London kommt mehr ohne Chinesen aus. Ganz anders ergeht es den Literaten und den unbequemen politischen Köpfen in Peking. Ihre Werke bleiben entweder verboten oder erscheinen in winziger Auflage. Man trifft sie in Haidian, dem Studentenviertel rund um die berühmte Peking-Universität.

Die politischen Intellektuellen haben sich wenig verändert: Es sind Leute wie Shang Dewen, die ihre Zukunft für eine Idee opfern. Noch lebt der sechsundsechzigjährige Professor für Marxismus und Ökonomie an der Peking-Universität – kurz Beida genannt – unbeschattet in einer bescheidenen Gelehrtenwohnung, fünf Minuten Fußweg vom Campusgelände entfernt. Dort hält er seinen Schatz verwahrt: ein mehrere hundert Seiten langes Manuskript über die konstitutionelle Reform der Volksrepublik, ein Leitfaden für den Weg in die Demokratie, doch untauglich für den Abdruck unter den Bedingungen der Zensur.

»Zwanzig Jahre Reformen liegen hinter uns«, sagt Shang, ein strenger, hochgewachsener Nordchinese. »Jetzt ist es an der Zeit, ein neues politisches System mit Präsident, Parlament und unabhängiger Justiz zu gründen. Andernfalls wird die Politik zum Hindernis für die Lösung unserer wirtschaftlichen Probleme.« Seinen demokratischen Verfassungsentwurf versteht er als Beitrag für die Diskussion innerhalb der politischen Führung und nicht als Demonstrationsaufruf. »Wenn nötig, rate ich den Studenten zur Vorsicht. Die Demokratie in China muß von oben kommen, unter Führung der KP, und nicht von unten.« So klingt es fast überall. Die Hauptstadtintellektuellen der Jahrhundertwende hegen Wunschvorstellungen von einer taiwanesischen Entwicklung, in der sich die einst diktatorische Kuomintang langsam zur demokratischen Regierungspartei regenerierte. Der Geist der Demokratiebewegung von 1989 aber ist verflogen.

Die Pekinger Studenten in Jeans und Nike-Turnschuhen wollen es so. Statt auf der Straße die wiedergewonnene Freiheit auf die Probe zu stellen, suchen sie heute auf dem Info-

Highway nach neuen Möglichkeiten. Statt das Schicksal der Nation ins Zentrum eines geisteswissenschaftlichen Studiums zu stellen, streben sie heute an die Business School der Beida oder an das neueröffnete Jura-Institut. Es ist nichts mehr wie es war an der alten Universität.

Noch Ende der achtziger Jahre lag der Campus außerhalb der Stadt. Als während der Revolte ein Großteil der streikenden Studenten jeden Abend den Tiananmen räumte, um rechtzeitig zur Nachtruhe die Universität zu erreichen, ähnelte die Heimfahrt einem Ausflug über die Dörfer zurück ins Grüne. Heute ist rings um die Beida und die benachbarte Qinghua-Universität das High-Tech-Viertel der Hauptstadt entstanden. Neben riesigen Computersupermärkten haben sich neue Softwarefirmen niedergelassen. In keiner Seitengasse fehlt das Internet-Cafe – ausgerüstet mit Teekessel, Computer und einem unternehmungslustigen Geschäftsführer, der tagsüber meist noch studiert. Und überall wimmelt es von verrosteteten Lastfahrrädern, die wertvolle Hardware in winzige Studentenbuden transportieren.

Fangzheng heißt Chinas Microsoft, ein universitätseigener Betrieb, dem es gelang, die chinesische Version von Windows 95 zu vermarkten, und der seither den gesamten chinesischen Softwaremarkt dominiert. Voraussetzung dafür war die Meisterleistung eines ehemaligen Beida-Studenten gewesen, der die chinesische Schrift wie vor ihm andere in Taiwan und den Vereinigten Staaten erfolgreich für den Computer adaptierte. Statt wie in den zwanziger Jahren die Einführung von Esperanto zu diskutieren, wissen die Studenten jetzt, daß ihr wichtigstes Kulturgut, die Sprache, lebendig bleibt. Und anders als die Studenten von 1989, die nur den doktrinären Lehrbetrieb im Hörsaal kannten, ist die Beida-Elite des Jahres 2000 über das Internet mit der Welt vernetzt. So kann inzwischen jeder Student sein eigenes, paralleles Lernprogramm erfinden.

Der Traditionsbruch wurde sogar stolz plakatiert: Von der Zentrale des Fangzheng-Konzerns, nicht weit vom Südtor der Universität, wehten im Frühjahr 1998 zwei rote Banderolen:

»100 Jahre Beida – 100 Jahre Sturm und Gewitter« verkündete die eine zum Jubiläum der Universität. »10 Jahre Fangzheng – 10 Jahre Glanz« stand auf der anderen – als sei das Revoltenwetter endlich vorüber und der Universität, gedacht als Unternehmen Zukunft, ständen profitable Zeiten bevor.

»Das ist der größte Unterschied: 1989 waren wir alle arm, heute machen wir alle Karriere«, erzählt die neunundzwanzigjährige Beida-Chemiedozentin Liu Fang, die vom »Internet-House« im Keller eines Maultaschen-Restaurants mit Kollegen in Hongkong kommuniziert. Liu gehört zur alten Generation: Das Tiananmen-Massaker empfindet sie immer noch als Last der Vergangenheit, über die nicht gesprochen werden darf. Die Exilierung des ehemaligen Studentenführers Wang Dan ins ferne Amerika bereitet ihr Kummer, denn sie war mit dem Helden von 1989 persönlich bekannt. Dennoch weint sie den revolutionären Zeiten keine Träne nach: »Wir waren damals ungeduldig und kannten die Welt nicht. Jetzt wissen wir, daß es neben der Politik auch noch anderes zu tun gibt, und ahnen, daß es viel mehr als eine Revolution braucht, um China auf den Stand des Westens zu bringen.«

Über eine so brave Studentenschaft freut sich die Universität natürlich. Unangefochtener Star der Beida ist heute ihr Vize-Präsident Chen Zhangliang, Chinas führender Gentechnologe, der im einundzwanzigsten Jahrhundert 1,6 Milliarden Chinesen mit neuen Reiskörnern ernähren will. Der Zukunftsforscher ist Abgeordneter im nationalen Parlament. Er organisierte die Feiern zum hundertsten Geburtstag der Universität und empfing Parteichef Jiang Zemin. Doch in die Partei will er nicht eintreten.

Mit Leuten wie Chen fällt uns der Umgang in Peking nicht schwer. Sie sind wie wir Mitte dreißig bis Anfang vierzig und haben wie wir eine politische Geschichte, wenn sie sich auch in allem unterscheidet. Gemeinsam ist unseren Freunden, daß sie in der größten Notzeit der chinesischen Nachkriegsgeschichte zur Welt kamen, als Maos Politik des »Großen Sprungs nach vorn« dreißig Millionen Menschen verhungern ließ. Sie erlebten als Kinder das Chaos der Kulturrevolution und kamen mit Deng Xiaopings Reformen ins Erwachsenenalter. 1989 formierte sich ihre Generation in der – letztlich gescheiterten – Revolte, doch zur Jahrtausendwende sind sie mit dem vorsichtigen Reformkurs der Parteiführung mehr oder minder versöhnt und umgehen die Institutionen einfach, wo sie sie nicht ändern können. Man sollte diese Generation nicht unterschätzen.

Ohne den Dynamiker Chen gäbe es in China keine Biotechnologie. Schon mit siebenundzwanzig Jahren erhielt der Südchinese, dessen Eltern Bauern geblieben sind, einen Doktortitel für Gentechnik und Pflanzenbiotechnologie. Zwei Jahre später ernannte ihn die Peking-Universität zum jüngsten Professor des Landes. Kurz darauf bekam er sein eigenes Institut: Dort basteln heute die sechzig Spitzen-Biogenetiker an neuen, besonders ertragreichen Pflanzensorten.

Chen Zhangliang, vom amerikanischen Nachrichtenmagazin »Time« schon vor Jahren zu einer der Führungsgestalten des nächsten Jahrhunderts stilisiert, hat das Ungestüm seiner kulturrevolutionären Kindheit im Blut und die Rationalität der amerikanischen Universität im Kopf: Er glaubt an den Beginn einer »neuen chinesischen Dynastie, die der Welt ihre Tore öffnet«. Aber heiraten will er nicht, weil er »Traditionen haßt«. Die derzeitigen Machthaber sieht er auf dem richtigen Weg: Für den Zukunftstechniker repräsentieren Staatspräsident Jiang Zemin und Premierminister Zhu Rongji die Generation der Ingenieure. Alle beide kommen von der benachbarten Qinghua-Universität, dem Top-Institut für das »Praktische und Reale«, wie Chen meint. Mit den Technologien von morgen aber haben sie nichts mehr zu tun: »Da sind wir besser. Schon heute haben fast alle Abteilungsleiter der Peking-Universität in den Vereinigten Staaten studiert. Die neue Generation kommt schnell«, prophezeit der Professor, der sich selbst einen Yuppie nennt: überzeugter Single, Venedig-Fan und Liebhaber von Rockmusik. »Ich liebe Cui Jian«, sagt Chen. »Das ist ein Mann mit Talent.«

Das Idol sitzt gerne bei einer Coca-Cola im schmuddligen Pekinger Nacht-Café seines Gitarristen. In Jogginghose und Turnschuhen, mit zerzaustem Haar und gesenktem Blick ist der Rockmusiker Cui Jian geblieben, was er 1989 war: Komponist der Revolte, Tonangeber der Jugend, verehrter Musikpoet. Seine Liedtexte, mit denen er das hilflose, zum Scheitern verurteilte Freiheitsverlangen der jungen Generation beschreibt, fanden Eingang in das Standardwerk der Peking-Universität »Die Meisterwerke der chinesischen Literatur«. Kaum ein Jugendlicher, der nicht seine Melodien kennt.

»Es war mein Glück, daß ich zu der ersten Generation chinesischer Musiker gehörte, die ihre Musik individuell frei gestalten konnte«, begründet Cui seinen Aufstieg zum Rockstar. Der ausgebildete Trompeter, Sohn einer Musikerfamilie koreanischer Abstammung, durfte schon 1986 im Arbeiterstadion auftreten. Drei Jahre später gab er aus Solidarität mit den demonstrierenden Studenten auf dem Tiananmenplatz sein berühmtestes Konzert. Seither kämpft Cui mit dem Verbot von Rockmusik in den Medien und Auftrittsbeschränkungen in der Hauptstadt. Immerhin konnte er in den vergangenen Jahren ausgiebig durch die Provinzen touren und vier Kassetten aufnehmen, die sich in China besser als CDs verkaufen und von denen jede eine Millionenauflage erreichte. »Rockmusik ist für die Menschen eine Art und Weise, sich freier auszudrücken«, sagt Cui. Chinas Jugend liebt den Antihelden, wenn er in kleinen Bars scheinbar schüchtern ans Mikrophon tritt, um dann förmlich zu explodieren. Mit dem Rockhabitus eines Mick Jagger singt er: »Die rote Fahne flattert noch im Wind / Ohne bestimmte Richtung / Die Revolution ist noch im Gange / Die Alten haben noch mehr Macht.«

Seine Lieder polarisieren. »Wir haben nichts«, verkündet Cui Jians bekanntester Song, der einst die Hymne der Studentenrevolte war. Chen Zhangliang hört das Lied heute noch auf der Fahrt zur Arbeit, obwohl er damals allen Protesten fernblieb. Qian Ning dagegen, ein junger Bestsellerautor und Manager, distanziert sich ausdrücklich davon: »China hat sich seit 1990 geändert. Die Menschen sind zum ersten Mal stolz auf ihre Leistungen. Sie haben etwas: Waschmaschine, Aktien oder Auto. Cui Jians Lied paßt nicht mehr in unsere Zeit.«

Qian Ning hat den Wandel der neunziger Jahre genau beobachtet, zunächst allerdings aus der Ferne. Von 1990 bis 1995 lebte Qian in den Vereinigten Staaten, wo er seinen Erfolgstitel »Studium in Amerika« verfaßte, in dem er sich selbstkritisch mit den chinesisch-amerikanischen Beziehungen auseinandersetzte. Als er schließlich die Heimreise antrat, fand er ein verändertes Land vor.

Qian Ning verkörpert auch äußerlich den Wandel seiner Generation: Mit bunter Krawatte und blaukariertem Hemd präsentiert er sich als weltgewandter Geschäftsmann. Der Sohn des langjährigen Außenministers Qian Qichen studierte Anfang der achtziger Jahre Literatur an der Peking-Universität, arbeitete anschließend als Feuilletonist der »Volkszeitung« und sympathisierte mit der Studentenbewegung. Zehn Jahre später ist er Managementberater in einem angesehenen amerikanisch-chinesischen Joint-venture: »Weil in der Wirtschaft die Freiheiten am größten sind.«

Qian versucht zu erklären, was seine Hauptstadt-Generation von der seines Vaters trennt. Seine Eltern seien in den fünfziger Jahren jung gewesen, der besten Zeit des chinesischen Kommunismus. »Wir dagegen sind in der Kulturrevolution aufgewachsen und hatten überhaupt keine Vorstellung von Normalität. Wir bekamen keine Schulerziehung. Für uns bestand der Alltag aus politischen Kämpfen.« Auch die Studentenbewegung der achtziger Jahre hat daran aus Qians Sicht nur wenig geändert. »Sie wirkte auf mich wie eine Fortsetzung der Kulturrevolution – wenngleich es politisch in eine andere Richtung ging. Ich bin grundsätzlich für Demokratie. Aber 1989 war das nur ein Slogan.«

Qian warf seiner Elterngeneration vor, daß sie ihm anstelle einer qualifizierten Ausbildung nur Ideologie vorgesetzt hatte. Erst fünf Jahre Auslandsstudium in Amerika, die der mächtige Vater dem revoltierenden Sohn ermöglichte, haben

Qian wieder mit seinem Land versöhnt. »Das Leben in China ist normaler geworden. Und ich kann meinen Lebensunterhalt verdienen«, beschreibt er sein neugefundenes Glück mit Frau und Kind.

Die Überzeugung, das Leben in Peking sei wieder lebenswert: Das ist heute der kleinste gemeinsame Nenner der chinesischen '89er-Generation. Für den Biologen Chen Zhangliang reicht der Wohlstand, um am Wochenende Tennis zu spielen, ein Fünf-Sterne-Lokal zu besuchen und in der Karaokebar zu singen. Cui Jian bietet Peking abends alles, was er braucht: Freunde, Musik und Kneipen. Der Schriftsteller und Manager Qian Ning freut sich am geräumigen Familienapartement in der Hauptstadt, das sein neues Gehalt ermöglicht.

Im Privatleben, darin sind sie sich einig, ist die Freiheit in Peking heute größer als je zuvor. Die Klarheit ihrer Aussagen und ihre Zuwendung zum Leben lassen daran glauben, daß Chen, Cui und Qian, jeder auf seine Weise, das unaufhaltsame Comeback der Pekinger '89er-Generation verkörpern. Professor Chen frohlockt: »Ich sage der Welt: Habt Geduld! Genießt den Wandel! In zwanzig Jahren wird China ganz anders aussehen.« Qian, der Ministersohn, sagt: »Jede Generation erhält die Chance, China zu regieren.« – »Wir sind die ersten, die China mit der Welt vergleichen können. Deshalb sollten wir mehr Verantwortung tragen«, fordert Rockmusiker Cui.

Ob es der neuen Elite indes gelingt, ihre Forderungen durchzusetzen und ihre Träume zu verwirklichen? Die Eigenschaften, die Qian Ning an seinen Altersgenossen schätzt, hatten der kommunistischen Gründergeneration nicht als Tugenden gegolten: »Wir kennen unsere Schwächen. Wir sind selbstkritisch. Wir schauen auf die Geschichte zurück und werden die Fehler der Kulturrevolution vermeiden.« Diese Eigenschaften sind es, die China über Jahrzehnte entbehrt hat, ganz besonders im machtbewußten Peking. Erst die Kinder der Kulturrevolution, die keiner zur Schule schickte, entwickelten die Kraft zur Selbstironie. Sie hatten ja nichts gelernt. Weil Leute wie Chen, Qian und Cui das begriffen haben und ihre Zukunft selbst in die Hand nehmen, ruht Chinas Hoffnung auf ihrer Generation.

Noch aber leben die '89er weit entfernt von den Schaltstellen der Macht. Sie haben nach einem Leben in einfachen Verhältnissen gerade zum ersten Mal eine eigene Wohnung bezogen. Geplagt von einer schlechten Universitätsausbildung und den politischen Rückschlägen der Studentenbewegung sind sie verspätet ins Berufsleben eingestiegen. Und mit über dreißig Jahren lockt sie der Rückzug ins Privatleben mindestens ebenso wie das politische Engagement für eine offenere Gesellschaft. Man weiß noch nicht, wie ihr Leben aussehen wird, wenn sie das Land einmal regieren. Alles um sie herum befindet sich im reißenden Fluß der Reformepoche.

Die Verwandlung Pekings von einer straff organisierten Hauptstadt in eine Metropole des ganz gewöhnlichen Chaos ist bereits weit fortgeschritten. Früher durchschnitten die schwarzen Staatskarossen der Regierenden wie Eisbrecher das Meer der Fahrradfahrer. Heute müssen sie sich in die täglichen Staus um den Tiananmenplatz einreihen. Binnen eines Jahrzehnts ist Peking von zwei auf vier Räder umgestiegen. Viele Familien können sich zum Großeinkauf ein kleines Taxi japanischer Bauart leisten. Autofahren ist nicht mehr Sache einiger weniger Privilegierten. Die Folgen unkalkulierbarer Fahrzeiten und horrender Luftverschmutzung werden von den meisten, die früher nur Fahrrad fuhren, gerne in Kauf genommen.

Je unruhiger und farbenfroher die Stadt, desto mehr verliert sie ihre alte herrschaftliche Strenge. Das Universitätsviertel Haidian und die Künstlermeile Sanlitun sind die Brutstätten geistiger Freiheit in der Zehn-Millionen-Metropole, doch sie heben sich kaum mehr von den vielen Einkaufsstraßen und Neubauvierteln ab, die allerorts in den Himmel wachsen. Der Bauboom hat Peking in den neunziger Jahren etwas später erreicht als die südlichen Küstenstädte. Aber er verändert nicht minder das Gesicht der »Nördlichen Hauptstadt«: Verschwunden sind die grauen Ziegelhöfe, in denen mehrere Familien gedrängt nebeneinander hausten. Wie eine vergessene Oase blitzen die goldenen Dächer des alten Kaiserpalasts im endlosen Hochhausmeer.

Nicht alles, was alt ist, wird verworfen. Das Ausgrenzungsprinzip der Verbotenen Stadt haben die Kommunisten im benachbarten Regierungsviertel übernommen. Der Eintritt ins Zentrum der Macht ist den gewöhnlichen Bürgern bis heute versagt. Durch den »Bezirk des mittleren und südlichen Meeres«, in dem sich Mao 1949 in Sichtweite des Kaiserpalasts zum Regieren niederließ, gehen die Besucherführungen nur bis vor die Tore der Regierenden. Nicht einmal die Bilder des Staatsfernsehens folgen dem Partei- und Staatschef in seine Residenz im Zhongnanhai-Bezirk. Doch was früher die himmlische Macht des Kaisers stärkte und Maos philosophisches Image kürte, besitzt heute nicht mehr die gleiche Symbolkraft. Jiang Zemin ist keiner, der durch die Ferne zu den Menschen größer wird. Seine häufigen Fernsehauftritte belegen, daß er sich dessen durchaus bewußt ist.

Längst sieht sich die Zentralregierung nach neuen Bauten um, die ihre weltliche Machtfülle im einundzwanzigsten Jahrhundert repräsentieren können. Auffällig unter den Parteischlössern der Reformära ist das neue Außenministerium an der Chaoyangmenwai-Einkaufsstraße, ein schnörkelloser Hochhausbau, der durch seinen halbkreisförmigen Grundriß besticht. Die couragierten Architekten verzichteten auch auf moderne Insignien chinesischer Herrschaftsbauweise. Es fehlen die pompösen Portale und krönenden Tempeldächer, die Bankzentralen und Fünf-Sterne-Hotels entlang der großen Prachtstraßen zieren. Der Anblick dieser postmodernen Betonmonstren mit ihren altchinesischen Stilelementen, die, in Eile errichtet, für die ersten Reformerfolge herhalten mußten, ärgert inzwischen die gebildeten Hauptstädter. Aus ihrer Sicht darf Peking nicht dem geldversessenen Shanghai hinterhereilen und neureichen Glanz ausstrahlen, sondern muß in Architektur und Bauweise die traditionelle Zurückhaltung wahren, die einer Hauptstadt obliegt, welche nunmehr ihr Volk als Touristen empfängt.

Die Bauern zieht es auf den Tiananmenplatz, das bleibende Ziel aller Peking-Pilger. Zwischen Revolutionsmuseum und Großer Halle des Volkes sind die Menschen vom Land stets in der Überzahl, auch wenn Reisebusse Scharen westlicher und japanischer Touristen ausspucken und die Stadtbewohner auf dem weiten Areal mit ihren Kindern Drachen steigen lassen. Die Bauern machen große Augen. Staunend mißt ihr Blick die Entfernung vom Tor des Himmlischen Friedens, auf dem Mao die Republik ausrief, bis zum südlichen Stadttor, das zum alten Befestigungsring gehörte. Der riesige Steinplatz, Symbol der Revolution von 1949, verkörpert für die meisten Chinesen nicht mehr den Mittelpunkt der Welt, so wie das früher der Kaiserpalast tat. Doch Zentrum der Republik und Aufmarschplatz des Volkes ist er geblieben. Ihm haftet auch nicht die Schande an, die westliche Besucher verspüren, seit hier die Volksarmee am 4. Juni 1989 Hunderte von Studenten niedermetzelte. Aufstände wie dieser gehören im Geschichtsverständnis der meisten Bauern genauso zum Alltag wie ihre Niederwerfung. Nichts dergleichen kann die Größe Chinas in Frage stellen, die das Steinmeer inmitten der Hauptstadt versinnbildlicht.

In Wirklichkeit hat der Tiananmenplatz die revolutionäre Kraft, die ihn 1949 schuf, nie verloren. Jede Regierung, die ihn mit Soldaten umstellt, wird bei seinem Anblick täglich daran erinnert, daß sie das Volk fürchten muß. Nie und nimmer aber kann sie den Platz zu jeder Zeit kontrollieren. Als der Tiananmen am Tag vor der Hongkong-Übergabe am 30. Juni 1997 zum ersten Mal seit der Studentenrevolte – unangekündigt und trotz Warnungen der Polizei – wieder voller Menschen war, wogte die Menge fähnchenschwenkend über den Platz. Urplötzlich erlebte die Hauptstadt eine jener berüchtigten Situationen, in denen die Einwohner Pekings ahnten, daß sie auf der Straße keinem Widerstand begegnen würden. An diesem Tag hatte die Regierung nur das Glück, daß die Menschen hinter ihr standen. Das gilt auch für die Bauern, die den Platz jedes Jahr in immer größerer Zahl besuchen. Noch ist allein die Fahrt nach Peking für sie Zeichen eines wachsenden Lebensstandards, den die Kommunisten ihnen ermöglicht haben.

Doch die Tiananmen-Idylle der neunziger Jahre kann auch täuschen. Mit jedem Apartmenthochhaus in der Hauptstadt, dessen Bewohner Dusche und Toilette vorfinden, wächst der Graben zwischen arm und reich in China. Die »drei großen Ungleichheiten«, mit denen Mao einst die Kulturrevolution begründete, bestehen unverändert fort: zwischen Stadt und Land, Arbeitern und Bauern, Intellektuellen und Handarbeitern. Mit jedem Bauern, der die Hauptstadt auf der Suche nach einem Job erreicht, und jedem Arbeiter, der in der Fabrik seinen Job verliert, droht Peking, wie fast jede andere Großstadt auf der Welt, in einen Strudel von Armut, Gewalt und Kriminalität gerissen zu werden. Noch herrschen keine New Yorker Verhältnisse, doch nicht jeder geht nachts noch ohne Begleitung auf die Straße. Überfälle bei Tageslicht kommen jetzt häufiger vor. Es gibt Wanderarbeiter aus den Provinzen, die so verwirrt vom Fortschritt der Großstadt sind, daß sie Passanten für eine Einkaufstüte umbringen. Das Klosterleben der kommunistischen Mandarine ist längst vorbei. In Bus und U-Bahn kann der Dieb jeden erwischen. Die rauhe Landluft der Volksrepublik weht heute durch die vornehmsten Straßen der Hauptstadt.

Zu den größten Verlierern der Metropole zählen die Angestellten der alten Staatsbetriebe, bislang wohlsituierte Arbeiter, die ihr Leben dem Stahlwerk oder der Lastwagenfabrik anvertrauten. Vom Tiananmenplatz fährt man die Straße des Ewigen Friedens einfach geradeaus bis an ihr zwanzig Kilometer entferntes Ende. Dann steht man vor dem reichverzierten Haupttor des größten Pekinger Kombinats und kann besichtigen, wo die vieldiskutierte Arbeitslosigkeit ihre Wurzeln hat.

»Die Mentalität ändern, Chancen und Vorteile nutzen und dem Stahlwerk der Hauptstadt neue Vitalität geben!« fordert eine Propagandatafel rechts vom Fabriktor die in grauer und hellbrauner Werkskleidung vorbeiströmenden Arbeiter auf. Hört man einigen der ölverschmierten Gestalten zu, klingt es weniger optimistisch: »Wir sind hier 50000 Arbeiter und nach unseren Informationen soll ein Viertel von uns den Job verlieren«, sagen zwei Kollegen der Maschinenbaufabrik. In fast fünfzig Jahren Sozialismus war vom Thema Arbeitslosigkeit im berühmten »Stahlwerk der Hauptstadt« keine Rede gewesen. Das hat erst der Parteitag im Jahr 1997 geändert. Seither droht unrentablen Staatsbetrieben der Konkurs.

Am Fabriktor ist die Stimmung dementsprechend deprimierend. Ein Arbeiter verdient in Peking durchschnittlich 800 Yuan im Monat, das sind umgerechnet knapp 200 Mark und das doppelte, was ein Stahlarbeiter in der Provinz verdient – genug für Miete, Fahrrad, Schulgeld und bescheidenes Essen. Geht aber der Job verloren, gibt es nur noch ein »Mindesteinkommen« von rund 200 Yuan, mit dem eine Familie in Peking nicht auskommen kann. Dann beginnt für die standesbewußten Arbeiter ein ungewohnter Überlebenskampf: Als Gelegenheitsarbeiter, Müllsammler oder Lastenradler müssen sie sich durchschlagen, um die tägliche Reisschüssel zu verdienen.

»Der neue Parteisekretär des Stahlwerks ist noch schlechter als der letzte, der wegen eines Gesetzesbruchs seines Sohnes den Posten verlassen mußte«, klagen die Kumpel vom Stahlwerk. Immer wieder gibt es Monate, in denen sie ohne Erklärung ihr Gehalt nicht ausgezahlt bekommen. Es geht ihnen damit nicht schlechter als anderen Stahlarbeitern in der Provinz, die ebenfalls in Existenznöten stecken. Doch im Stahlwerk der Hauptstadt sitzt der Schock besonders tief: Hier wähnten sich die Arbeiter im Schutz der Parteimächtigen, die an der gleichen Straße arbeiten.

Das bereits erwähnte Regierungsviertel Zhongnanhai umfaßt kaum einen Quadratkilometer, und der größte Teil davon wird von Wasser bedeckt. Nachdem einer der Leibärzte Maos, Doktor Li Shinzui, ausführlich über das isolierte Innenleben von Zhongnanhai berichtete, schien sich die unter Sinologen weitverbreitete Auffassung zu bestätigen, ganz China würde von einer kleinen Gruppe von etwa vierzig Parteifunktionären regiert, die allein Zugang zur Verbotenen Stadt der Kommunisten hätten.

In den kleinen Kreis der führenden Politbüromitglieder und höchsten Parteisekretäre vorzustoßen, ist nicht so einfach. Ein Deutscher, der sich im engsten Pekinger Machtzirkel wirklich auskennt, ist Helmut Schmidt, der China seit 1974 regelmäßig besucht. Wir begleiteten den ehemaligen Bundeskanzler bei einer Tagung der Konsultativkonferenz des chinesischen Volkes im September 1996. Keine Tür blieb Schmidt verschlossen. In seinem Trott mußte man dem damaligen Premierminister Li Peng die Hand schütteln, der für Joschka Fischer immer nur der »Schlächter vom Tiananmen« war. Schmidt tat es widerwillig. Doch bis heute respektiert er die chinesische Führung für das, was sie in den zweieinhalb Jahrzehnten seit dem Ende der Kulturrevolution für den wirtschaftlichen Aufbau Chinas geleistet hat.

Einmal wurde Schmidt von der Nummer Vier in Partei und Staat, dem ehemaligen Zimmermann Li Ruihan, empfangen. Man saß im Empfangssaal des Parteifürsten auf roten Lackstühlen und nippte an grünem Tee. Vor unseren Augen breiteten sich auf riesigen Wandgemälden chinesische Landschaften aus. In der Mitte des Raumes stand ein Blumentisch mit Chrysanthemen, deren Blüten beiden Politikern den Blick in die Augen verdeckte. Das alles vermittelte die Atmosphäre einer mittelalterlichen Fürstenaudienz, und dementsprechend steif verhielt sich unser Gastgeber. Statt den weltpolitischen Erläuterungen Schmidts zu folgen und ein Gespräch aufzunehmen, beließ es Li Ruihan bei allgemeinen Äußerungen, während seine Mandarine eifrig Notizen machten. Nichts konnte den Eindruck erwecken, daß der von seiner Stellung her mächtige Mann mehr als ein biederer Erfüllungsgehilfe seines Parteichefs war.

Schmidt begegnete im Laufe der Zeit zwei Sorten von Politikern in Peking: Den skrupellosen Apparatschiks, zu denen er die Nummer Zwei der Partei, Li Peng, und die Nummer Vier, Li Ruihan, zählt. Sie dienen nur als Verwalter des Regierungsapparats. Die zweite Gruppe besteht aus den pragmatischen Visionären, zu denen Schmidt heute die Nummer Eins, Jiang Zemin, und die Nummer Drei, Zhu Rongji, zählt. Sie betreiben auf der Grundlage eines prinzipienfesten Fortschrittsglaubens realistische Politik. Der wichtigste Exponent der realistischen Schule in den neunziger Jahren ist für Schmidt der seit 1998 amtierende Premierminister. In Zhu erkennt der Altkanzler seinesgleichen wieder: Einen Mann, dem Wirtschaftswissenschaft näher liegt als Parteiideologie, und der vor unangenehmen Entscheidungen nicht zurückschreckt, wenn sie ihm – wie im Fall der Schließung bankrotter Staatsbetriebe – aufgrund der Sachlage geboten erscheinen.

Schmidt ahnt zudem, daß mit dem Aufstieg Zhus ins wichtigste Amt des Staates (nicht der Partei!) die Professionalisierung des unter Mao und Deng auf einen einzelnen zugeschnittenen Regierungsapparats konkrete Züge annimmt. Mit anderen Worten: Peking wäre nicht mehr die Kaiserstadt, in der es darauf ankommt, eine Audienz in Zhongnanhai zu bekommen, sondern entwickelte sich langsam zur zentralen Schaltstelle einer modernen Volkswirtschaft, in der Entscheidungen tendenziell häufiger nach Kompetenz und Zuständigkeit als nach Seniorität und Beziehungen gefällt werden.

Jesper Koll, der in Tokio lebende Asienstrategieberater des Aktienmilliardärs George Soros, machte diese Erfahrung, als er im Sommer 1998 erstmals Peking besuchte. Koll verkehrte eine Woche lang in den Mitarbeiterkreisen Zhu Rongjis und stellte fest, daß seine Gesprächspartner die Autorität über den von ihnen verantworteten Bereich ohne Rückfrage an höhere

Stellen voll ausschöpften. Sie legten damit ein Selbstbewußtsein an den Tag, das unter Beamten im viel weiterentwickelten Tokio eher selten ist. Koll war beeindruckt, obwohl er nie nach Zhongnanhai durchgedrungen war.

Das bessere Verständnis der Pekinger Machthaber für Gäste aus dem Westen begann einst mit Deng Xiaoping. »Franz-Josef Strauß und Helmut Schmidt waren Mitte der siebziger Jahre seine ersten westdeutschen Gäste. Von diesem Zeitpunkt an erfaßten diese Spitzentreffen die konkrete internationale Lage«, erinnert sich ein chinesischer Spitzendiplomat.

Gut reden aber war damals nur mit dem Kleinen Steuermann. Ob im Pekinger Außenministerium oder der chinesischen UNO-Vertretung in New York, ob in den ausländischen Botschaften der Volksrepublik oder bei Gesprächen mit der Parteiführung: Die Chinesen hatten nichts zu sagen. Sie sprachen schlechtes Englisch, verfügten über keine internationale Erfahrung und durften persönliche Meinungen nicht äußern.

Man kann den Wandel in der chinesischen Außenpolitik also durchaus mit dem Aufbau Pekings oder Shanghais vergleichen: Wo sich früher Bauernhütten duckten, stehen heute Hochhäuser. Noch vor zwanzig Jahren saßen im Pekinger Außenministerium fromme Parteischüler abgeschottet von der Welt und rezitierten die Worte ihrer Parteiführer. Heute genügt ein Anruf im Planungsstab des Ministeriums – und beim anschließenden Treffen im Café läßt sich frei über die Weltstrategien Pekings und des Pentagons diskutieren. Im Gegensatz zu den älteren Diplomaten, die ihre prägenden Auslandserfahrungen meist in einem sozialistischen Land machten, studieren die jüngeren heute im Westen. Man merkt es ihnen an. Sie haben keine Angst mehr vor der Welt.

So ist Peking mit seinen Fürsten und Fußballfans, seinen Räubern und Rechtsanwälten, seinen Taugenichtsen und Touristen insgesamt doch vielfältiger und moderner, als sich Bauern aus der Provinz und Besucher aus dem Ausland den Sitz der chinesischen Zentralregierung gemeinhin vorstellen. Im urbanen Chaos, das seit Mitte der neunziger Jahre Gassen und Paradestraßen belebt, verliert die alte Hauptstadt ihre kaiserlich-kommunistische Strenge und damit auch ein Stück jener Einsamkeit, die Chinas Schriftstellergenie Lu Xun in den zwanziger Jahren beschrieb:

*Peking, die einsame, ist eine offene Stadt,*
*Man hat es eilig, die Kunst nach Süden zu schaffen.*
*Darüber reißen die Herren das Maul auf:*
*Die Studenten seien des Volkes Pfeiler und Leumund.*
*Doch warum ihre Panik maßlos heißen?*
*Sie fliehen nur aus Sorge um sich:*
*Sie beklagen jedenfalls keinen Jadebuddha,*
*Sie beklagen ihr wertloses Leben.*
(aus: Lu Xun, »Das trunkene Land«, Werke in 6 Bänden, Zürich 1994)

Lu Xun schrieb dieses Gedicht nach der gescheiterten Studentenbewegung vom 4. Mai 1919, als die Intellektuellen Peking gen Süden verließen und alsbald Chiang Kaishek Nanking als neue Hauptstadt der Republik ausrief. So einsam wie damals aber wird die nördliche Hauptstadt wohl nie mehr werden. Das Leben hier ist wertvoll geworden. Wer heute noch Shanghai für dynamischer und weltoffener hält, dem antwortet der Rockmusiker Cui Jian: »Die moderne Kultur Pekings ist nicht regional, sondern eine Mischung aus allen Orten Chinas. Immer mehr Leute kommen nach Peking, weil sie sich Karriere und Chancen erhoffen. Die Stadt ist zum Treffpunkt von Künstlern, Kunstmanagern und Kunstkennern ganz Chinas geworden.« Dabei verschweigt Cui das für ihn wichtigste: Peking ist auch die unangefochtene Hauptstadt des Rock 'n' Roll in China. Im reicheren Süden, in Shanghai und Guangzhou, hört man lieber unpolitischen Canto-Pop.

# Guangdong

*Schlaraffenland am Perlfluß*

**Weit draußen,** zwischen den Vorstadtblocks von Guangzhou (früher: Kanton), in der Nähe eines Abwasserkanals, lebt die im Vergleich mit Cui Jian noch unverbrauchte chinesische Rocklegende Wang Lei. Eine bröckelnde Hausmeisterbude aus Backstein, mehr Höhle als Wohnung, dient dem schmalen, schnauzbärtigen jungen Mann als Aufnahmestudio und Liebesnest. »Hier mache ich alles so, wie ich will«, sagt der Komponist, Dichter und Tänzer vor einer mit Graffiti selbstbemalten Wand, auf der ein LP-Cover des ›Ummagumma‹-Albums von Pink Floyd klebt.

Aus seiner Vorstadtbaracke in der Hauptstadt der Provinz Guangdong dringt Wangs Ruf durch die moderne chinesische Welt: von Hongkong, wo er eine Brecht-Inszenierung des taiwanesischen Meisterregisseurs Tsai Ming Liang zum hundertsten Geburtstag des Dichters neu intonierte, nach Taipeh, wo sein zweites Album ›Night‹ erschien, bis in die Nachtbars von Peking und Shanghai, in denen müde Yuppies den Klängen des Antistars auf Raubdruck-Kassetten lauschen. Der tragisch-aufwühlende Ton seiner Stücke wird von einem virtuosen Gitarrenspiel untermalt, das moderne Rhythmen und chinesische Folklore vereint. »Eine neue, eigenständige Musik für China« hat sich Wang zum Ziel gesetzt. Und er ist überzeugt, dafür zur richtigen Zeit am richtigen Ort zu sein: »Guangzhou bietet mir als einzige Stadt in China Freiheit. Und das ist mir wichtiger als mein kulturelles Erbe.«

Diese magische Anziehungskraft besitzt der Süden Chinas nicht nur für Wang. Als tausend Guangzhouer Bürger im

Frühjahr 1999 nach den Gründen für die Liebe zu ihrer Stadt gefragt wurden, stand für sie die Freiheit an erster Stelle, gefolgt von der entspannten Atmosphäre, dem Wetter und dem Essen. An fünfter Stelle nannte man die vielen Möglichkeiten, in Guangzhou reich zu werden. Sie sind es, die die Wanderarbeiter aus den entferntesten Wüsten- und Bergdörfern über Tausende von Kilometern auf den größten Markt der Republik ziehen. Der Treffpunkt: Guangzhou-Hauptbahnhof. Die Fernzüge aus Peking, Xi'an und Chengdu entladen stündlich Hunderte von Neuankömmlingen. Viehherden gleich werden sie von Uniformierten durch die dunklen Bahnhofshallen nach draußen getrieben, wo ihnen das tropische Klima entgegenschlägt. Der riesige Bahnhofsvorplatz mit seinen drei himmelhohen Palmen ist zu jeder Tageszeit überfüllt mit Arbeitssuchenden, die Haus und Kinder zurückgelassen haben, um mit einem Reisebündel unter dem Arm ein neues Leben zu wagen. Meist beginnt es auf Decken unter Betonbrücken und endet in einer Fabrik. Zur Hauptstadt des Südens gehören aber auch Prostitution, Drogenschmuggel und Tierhandel. Polizeirazzias und Festnahmen sind hier so alltäglich wie öffentliche Urteilsverkündungen auf Sportplätzen, die nicht selten zu Hinrichtungen führen.

Trotzdem folgt den Wanderarbeitern eine junge Elite: Musiker und Journalisten, Künstler und Schriftsteller, Finanzmakler und Internetsurfer – alle, die Freiräume für Kreativität suchen, zieht es ins Mekka der chinesischen Reformbewegung. Im Chaos der südländischen Metropole, das nur der breite, braune Perlfluß ein wenig zu ordnen vermag, ist der Informationsaustausch mit dem Westen freizügiger, das Finanzgeschäft härter, der Journalismus frecher, bieten Theater und Ballett ein progressiveres Programm. »Guangzhou ist die führende Kraft für die wirtschaftliche Entwicklung des ganzen Landes«: So hatte Deng Xiaoping auf seiner historischen Südchina-Reise 1992 verfügt, mit der er das Land aus der Lethargie nach dem Tiananmen-Massaker riß. Seither gibt die Stadt gemeinsam mit der Provinz Guangdong und dem nahegelegenden Hongkong das Fortschrittstempo der Republik an.

Nichts ist fertig, alles befindet sich im Umbruch. Vor der graublauen Fensterfront der Guangdonger Armeezentrale, die dem modernen Hauptquartier eines Großkonzerns gleicht, quälen sich Peugeots chinesischer Herstellung und japanisch-chinesische Motorräder durch den Matsch der ungeteerten Hauptstraße. Vor der goldglänzenden Bank-of-America-Plaza überleben kleine Holzbaracken. Auf die alten Promenaden am Perlfluß werfen betonierte Hochstraßen ihren Schatten. Nicht einmal das auf einer Sandbank erbaute Kolonialviertel Shamian entkommt dem Zeitgeist: In die prächtigen Villen der Imperialisten sind teure Restaurants und Nachtclubs eingezogen. Schon Mao und seine Frau Jiang Qing liebten Guangzhou wegen seiner grünen Inseln im Perlfluß. Doch Anfang der sechziger Jahre waren sie die einzigen, die inmitten der größten Hungersnot des Jahrhunderts Bankette gaben. Heute pilgern jeden Abend Tausende von neureichen Abzockern auf die Flußinseln.

Dabei galt die langgestreckte Küstenregion mit ihrem für Nordchinesen unverständlichen Dialekt lange Zeit als unzivilisiert, unterentwickelt und primitiv. Zu Zeiten Maos erhielt sie kaum Unterstützung aus der 1500 Kilometer entfernten Hauptstadt. Unter Deng dagegen wuchs das von den Kommunisten unverdorbene Land schnell zur reichsten und selbstständigsten Provinz Chinas heran. Heute erwirtschaften siebzig Millionen Menschen auf einer Fläche, die halb so groß wie Deutschland ist, ein Bruttosozialprodukt von 162 Milliarden Mark. Die Jahresdurchschnittseinkommen von 1900 Mark in der Stadt und 750 Mark auf dem Land sind für chinesische Verhältnisse hoch.

Den Anfang machte Hongkong. Die ehemalige Kronkolonie ist bis heute Chinas wichtigstes Tor zur Welt. Ihre Nähe macht aus Guangdong den Investitionsstandort Nummer Eins der Volksrepublik. Den Beweis dafür erbringt das am Hauptgrenzübergang zu Hongkong neu errichtete Shenzhen

– eine Kleinstadt, die sich innerhalb von zwei Jahrzehnten in eine Vier-Millionen-Metropole verwandelte. Von Shenzhen erstreckt sich eine planlos bebaute Industrielandschaft bis zu der hundert Kilometer nördlich gelegenen Stadt Guangzhou. Ein beliebter Ausflugsort der Gegend ist die Daya-Bucht mit ihren zwei chinesisch-französischen Atommeilern: Da das Wasser der Bucht durch die Kraftwerke erhitzt wird, findet man hier besonders große Seesterne.

Schnell wird klar, weshalb knapp die Hälfte aller chinesischen Exporte aus dieser Provinz stammt. 60 000 Unternehmen mit ausländischem Kapital haben sich im Perlflußdelta niedergelassen. Sie vor allem erzeugen ein Wirtschaftswachstum, das zur Jahrtausendwende trotz der asiatischen Wirtschaftskrise bei über zehn Prozent liegt. Soweit das Auge reicht, erstrecken sich ein Fabrikgelände ans andere, wenn nicht Bananenstauden und Bambuswälder den Blick versperren. Vergeblich sucht man in der zersiedelten Industrielandschaft nach Wohnblöcken. Die Arbeiter einer Textilfabrik hausen in einem fensterlosen Wellblechbau auf dreistöckigen Stahlrohrbetten, zwischen denen sie Hängematten für die Neueingestellten aufgespannt haben. Tag und Nacht läuft der Schichtbetrieb – im 12-Stunden-Takt. Der Ausbeutung sind keine Grenzen gesetzt.

Wer sich aber angesichts der südchinesischen Sweatshops an Manchester-Kapitalismus erinnert fühlt, dem stopft der Kantoner Yuan-Milliardär Shao Jianming (100 Yuan entsprechen knapp 22 Mark) schnell den Mund: »Warum steckt denn Asien in der Krise? Warum stehen in Peking lauter leere Luxushotels? Weil die Leute keine Profite machen«, gibt sich der Sunny-Boy von zweiunddreißig Jahren selbst die Antwort. Umhüllt von grauem Armani-Tuch und silbernem Mercedes-Blech kutschiert Shao wie ein König durch Guangzhou: Hier der Gebrauchtfahrzeugmarkt, mit dem für ihn der Aufschwung begann. Dort sein eben eröffnetes Luxuskaufhaus, erbaut für hundert Millionen Yuan. Dann endlich erreicht man Shaos Konsumschloß, den neuen Mittelpunkt der Stadt:

Chinas größtes Einkaufszentrum für Heimcomputer und elektronische Geräte. Stolz zieht er Bilanz: tägliche Besucherzahl – 50 000, geschaffene Arbeitsplätze – 20 000, Jahresumsatz – fünf Milliarden Yuan, Gewinn: aber da lächelt der junge Mann bescheiden und schweigt.

»Vor nur acht Jahren war ich ein armer Mann. Meine Eltern sind einfache Arbeiter und nicht besonders stolz auf mich.« Auf Besuch in Moskau verschlug es Shao kürzlich die Sprache: »Die reichen Russen, mit denen ich die Nächte verbrachte, leben viel luxuriöser als ich. Sie verschenken einen Mercedes wie einen Korb Blumen.« Zuerst war Shao beeindruckt. Doch beim zweiten Hinsehen stellte er fest: »Alle meine Gastgeber waren Spekulanten im Finanzbereich, während unsere chinesische Delegation aus Industriellen und Firmenbesitzern bestand. Am Ende der Reise wußte ich, warum ich nach China zurückkehren wollte: Hier trage ich Verantwortung für meinen Betrieb. Meine russischen Freunde kennen so etwas nicht.«

Das zeichnet Shao aus: Bei allem Reichtum, den der junge Kaufhaus-König gerne vorzeigt, ist er neugierig und keine Spur arrogant – ein Wesenszug der Region, der im stolzen China sonst eher selten ist und den Südländern nicht nur zu Hause, sondern in aller Welt Erfolg beschert. Tatsächlich stammt ein Großteil der chinesischen Diaspora aus Guangdong. Die 100 000-Einwohner-Stadt Taishan ist bekannt für ihre um ein vielfaches größere Zahl von Verwandten in aller Welt. Die Diaspora war es denn auch, von wo die ersten großen Investitionen in die alte Heimat kamen, um das Label »made in China« auf dem ganzen Erdball bekannt zu machen.

Das westliche Perlflußdelta um Taishan gilt bis heute als ursprüngliches Siedlungsgebiet der nach dem Sturz der Songdynastie im dreizehnten Jahrhundert vor den Mongolen fliehenden Chinesen. Die Flüchtlinge brachten damals den Dialekt der Song- und Tangzeit mit, dem das heutige Kantonesisch immer noch ähnelt. Wie die Japaner benutzen die

Guangdonger das altchinesische »hai« zur Bejahung. Nordchinesen, die unter der japanischen Kolonialisierung besonders litten, können da nur den Kopf schütteln.

Aus der Vergangenheit aber rührt der ungebrochene Nationalstolz der Provinz: Ihr kulturelles Erbe reicht weiter in die chinesische Geschichte zurück als die von Mongolen und Mandschus aufgemischte Tradition Pekings. Zahlreiche, vor allem in Hongkong erschienene Bücher von populärwissenschaftlichen Autoren verknüpfen die modernen Erfolge der Südchinesen mit den bahnbrechenden Entdeckungen der Songdynastie, unter der China um die letzte Jahrtausendwende in Wissenschaft und Wirtschaft Weltspitze war.

So berühmt wie die Weltoffenheit der Südchinesen ist ihr Pragmatismus. Die vielgelobte Eigenschaft schafft jedoch auch ein Klima gesellschaftlicher Ambivalenz und Rücksichtslosigkeit. Kriminalität und Korruption, steigenden Drogenkonsum und ungehemmte Bürokratenmacht benennen viele Einwohner der Region als die größten Probleme ihrer Gesellschaft. Die Staatsmacht reagiert mit aller Härte: Hunderte von Todgeweihten in weißen Leinenhemden, meist angebliche Drogendealer oder Zuhälter, sind es jährlich, die auf offenen Lastwagen unter den Blicken der Passanten durch die Stadt gekarrt werden. Ihre Exekution per Genickschuß steht dann unmittelbar bevor.

Am 5. Dezember 1998 war der dreiundvierzigjährige Cheung Tzekeung an der Reihe. In einem der bislang aufsehenerregendsten Prozesse der Volksrepublik hatte ein Guangzhouer Gericht den »erfolgreichsten Hongkong-Gangster aller Zeiten«, wie Cheung von der Hongkonger Presse respektvoll genannt wurde, zum Tode verurteilt. Der Angeklagte erhielt die Höchststrafe, obwohl er wegen der Verbrechen, die ihn berühmt machten, gar nicht vor Gericht stand. In Guangzhou reichte der Verdacht auf Waffen- und Sprengstoffhandel, um den Gangsterboß ins Jenseits zu befördern.

Schon 1991 war er bei einem spektakulären Raubüberfall mit der Beute von 21 Millionen Dollar verhaftet und festgesetzt worden. Doch er wurde fälschlich freigesprochen und verließ das Gefängnis in einem gelben Lamborghini – nur um noch tollkühnere Taten auszuhecken. Im Mai 1996 gelang ihm sein Meisterstück: Er entführte den vierunddreißigjährigen Sohn des Hongkonger Multimilliardärs Li Kashing und ließ ihn für bare 134 Millionen Dollar, die Li in mehreren Lastwagen auffahren ließ, wieder frei. Der Husarenstreich glückte sogar noch ein zweites Mal: Dabei ging der Hongkonger Immobilienmagnat Walter Kwok Ping-sheung dem Gangster ins Netz. Anschließend zahlte die steinreiche Familie 77 Millionen Dollar Lösegeld, das Cheung und seine Freunde, glaubt man den Legenden, in wenigen Monaten wieder unters Volk brachten. Cheung erntete seinen Spitznamen »Big Spender«, weil er in einer Nacht Millionen an den Spieltischen des benachbarten Macao verprassen konnte.

Die Odyssee des Bandenkönigs endete nicht zufällig in Guangzhou: Hier wiegte er sich jahrelang in Sicherheit vor den Hongkonger Behörden, die froh waren, wenn er unter seinem gewöhnlichen Namen die Grenze passierte, weil es ihnen an Beweisen gegen Big Spender mangelte.

In Guangzhou verfügte Cheung offenbar über mächtige Freunde oder zumindest über eine Clique, die seinen Schutz garantierte. Bis sich eines Tages Peking einmischte. Inzwischen hatten auch die von der Partei kontrollierten Guangzhouer Zeitungen nicht ohne Sympathie über das anhaltende Gangsterglück Cheungs berichtet. Dem Pekinger Parteichef Jiang Zemin ging das zu weit. Er beorderte seinen Vize-Chef für Öffentliche Sicherheit, Bai Jinfu, sich persönlich des Problems anzunehmen. Kurz darauf schickte Bai drei hohe Sicherheitsbeamte von Peking nach Guangzhou. Sie trafen dort am 12. Januar 1998 ein. Nur dreizehn Tage später, am 25. Januar, wurde Cheung verhaftet.

Der Fall spricht Bände über das schwierige Verhältnis zwischen der von Partei-, Geschäfts- und Gangsterclans regierten Provinz und der Zentralregierung. So sehr sich Peking bewußt ist, daß Guangdong der Motor des bisherigen Wirtschaftswachstums ist, so sehr fühlt es sich von Zeit zu Zeit genötigt, der Provinz ihre Grenzen zu zeigen.

Als 1998 ein Sündenbock für die weitverbreitete Spekulation im Finanzwesen gesucht wurde, verfiel der Pekinger Premierminister Zhu Rongji nicht zufällig auf die Guangzhouer Investmentgesellschaft GITIC. Kurzerhand mußte GITIC unter einer Schuldenlast von vier Milliarden Dollar den größten Bankrott der chinesischen Geschichte erklären – Investoren in Tokio, New York und Frankfurt hielten den Atem an. Doch der Pekinger Bankrottbefehl war Mißtrauens- und Vertrauensvotum in einem: Er zeigte, daß in Guangdongs Cliquenwirtschaft Abgründe klaffen, die den ökonomischen Kollaps denkbar machen, doch insgeheim mußte Peking darauf vertrauen, daß die Guangdonger im Krisenfall besonders schnell reagieren. Anderen Provinzen hätte die Zentralregierung einen Schock wie die GITIC-Schließung nicht zumuten können. Für Guangdong war er nur eine Kopfnuß, die der von Peking im Mai 1998 neueingesetzte Parteichef der Region gerne an seine Untergebenen weitergab.

Der Elektroingenieur Li Changchun zählt in Peking zu den jüngsten Mitgliedern des mächtigen Politbüros und hat den Auftrag, die aufmüpfige Provinz zu zähmen. Der bullige Nordchinese soll mehr Steuern für die Zentralregierung eintreiben, den Schmuggel längs der 3368 Kilometer langen Küstenlinie von Guangdong unterbinden und Ordnung ins spekulative Börsen- und Immobiliengeschäft bringen. Würde er sich seiner Aufgabe erfolgreich entledigen, würde Li sich damit für höhere Würden empfehlen. Neben Vize-Präsident Hu Jintao gilt er als ein Kandidat für die Nachfolge von Parteichef Jiang.

Doch unabhängig davon, wie glücklich Li die Regierungsgeschäfte lenken wird: Das Vertrauen der Guangdonger in die Politik ist gering. Solidarität sucht man innerhalb der Familie. Die Reichen müssen mit dem ständigen Nebeneinander von Aufbaueuphorie und Bankrottängsten leben, die Armen sind hin- und hergerissen zwischen Aufstiegsträumen und Existenzängsten. Das bedingt Mitleidslosigkeit auf allen Seiten. Nirgendwo scheint der Gegensatz zwischen arm und reich in China so kraß zu sein wie in Guangdong. Doch niemand ist empört, wenn Wanderarbeiter im Straßenmüll der Luxusgaststätten wühlen, während drinnen Chinas exquisiteste Küche serviert wird. Oder wenn Shenzhen im Süden der Provinz eine Milliarde Yuan in Grünanlagen investiert, während die Arbeiter der Stadt nicht mal ein Dach über dem Kopf haben.

Shenzhen ist Paradies und Hölle zugleich. Das Zentrum der Trabantenstadt vor den Toren Hongkongs haben die Stadtplaner ganz in Weiß und Grün gehalten. Nie wirkte China so hell und sauber, nie erschien es weniger beengt und übervölkert als zwischen den weißen Wolkenkratzern und grünen Mandelbaumalleen der Sonderwirtschaftszone. »Shenzhen ist Vorbild. Von hier kommen die Reformvorschläge fürs ganze Land«, prahlt der Leiter eines mit ägyptischer Kunst geschmückten Forschungsinstitut, das auf Initiative von George Soros und Deng Xiaoping gegründet wurde.

Am Wochenende ist Shenzhen das Ziel von abertausend Hongkongern, die mit der Stadtbahn kommen, um billig einzukaufen. Die original Versace-Jeans sind in der Volksrepublik hergestellt und ein vielfaches billiger als nach dem Export in die Luxuskaufhäuser der nach den Zollvorschriften immer noch als Ausland geltenden Sonderverwaltungszone Hongkong. Es gibt die neuesten Nike- und Adidas-Turnschuhe für umgerechnet zehn Mark zu kaufen. Wer von den Hongkonger Börsianern Skiurlaub in Kanada machen will, deckt sich vorher mit neuen Goretex-Klamotten in Shenzhen ein. Daunenjacken von Helly Hansen sind ab dreißig Mark zu haben.

Für den Spaß müssen andere bluten: Ihnen hilft Christoph Li, Sohn in Deutschland eingebürgerter Taiwanesen, als Aushilfskraft im Volkskrankenhaus. Der angehende Arzt absolviert in Shenzhen sein praktisches Jahr nach dem zweiten Staatsexamen. An Praxis mangelt es ihm nicht mehr: Neulich stand er von elf Uhr nachts bis neun Uhr morgens am Operationstisch. Nach einer Vendetta auf offener Straße wurden acht Männer mit abgehackten Händen und durchschnittenen Kniekehlen eingeliefert. »Das war eine Strafaktion im Bandenkrieg«, sagt Li. »Der alte Krankenhauschef hätte die Glieder der Patienten nicht gerettet. Für ihn galt die Regel, wer sich prügelt, ist selber schuld. Doch die jungen Ärzte denken anders.«

Täglich gibt es neue Notfälle. Meist sind es Arbeiter aus Fabriken ohne Sicherheitsvorkehrungen. Die Pekinger »Arbeiterzeitung« zählte 1998 in Shenzhen achtzig tödliche Arbeitsunfälle und zwölftausend Verletzungen am Arbeitsplatz. Über neunzig Prozent der Verletzungen betrafen Arme und Hände von Arbeitern. Li kann die Finger nicht mehr zählen, die er in den vergangenen Wochen amputieren mußte. Es sind die gleichen Finger, die die Helly-Hansen-Jacken nähen. Aber immerhin: der Krankenhausbetrieb funktioniert und zahlungsunfähige Patienten werden für symbolische Summen behandelt. Shenzhen will wie Hongkong werden und ist wahrscheinlich auf dem besten Weg.

Den krassen Gegensatz zu den Boomstädten des Perlflußdeltas bilden die Dörfer im gebirgigen Norden Guangdongs. Wer die Lebensbedingungen der Yao-Minderheit mit eigenen Augen sehen will, fährt mit der Bahn von Guangzhou zunächst gen Norden durch eine rostrote Hügellandschaft, deren Bewirtschaftung dem Menschen seit Jahrhunderten große Mühen abverlangt: Im Frühjahr sind die Täler überschwemmt, und die Bauern fahren auf Flößen von Dorf zu Dorf. Doch schon im Herbst sind die Flüsse häufig wieder ausgetrocknet.

Hinter den Hügeln, in einer Ebene vor den nahen Bergen, liegt die 2000 Jahre alte Handelsstadt Shaoguan. Belebte Marktplätze, buntgeschmückte Großkaufhäuser und ohrenbetäubender Verkehr zeugen davon, daß das Wachstum der Region nicht spurlos an ihr vorbeigegangen ist. In den Bergen selbst aber meint man zunächst, ein Paradies zu betreten, so sanftblau glänzen die schmalen Reisterrassen unter den schroffen Gebirgsfelsen. Dann aber entdeckt man das Höllenleben der Bergbewohner, die barfuß in winzigen Holzhütten mit matschigen Fußböden hausen – ohne Geld für Kleider und Decken, geschweige denn für den Schulbesuch ihrer Kinder. Ab und zu stiftet ein Spender Jacken und Hosen. Aber sonst kümmert sich kaum jemand um das Auskommen der Allerärmsten: In Guangdong gilt eine Heirat mit einem Yao-Abstämmigen immer noch als unschicklich.

Das kleine Yao-Volk zählt noch 100 000 Angehörige in der Provinz. Seit Jahrhunderten zieht es über die Berge und betreibt – neben dem wenig einträglichen Terrassenanbau – eine überraschend moderne Tätigkeit: nachhaltige Forstwirtschaft. Leider sinken die Holzpreise ständig, weil der Weltmarkt nicht wie einst Mao die Nachfrage garantiert. Doch die Yao tragen weiter ihre dürren Fichtenstangen auf nackten Schultern ins Tal. »Das Leben ist so hart, daß man nicht hoffen kann, jemals im Fernsehen einen Film anzuschauen«, klagt Zhao Xingshun aus dem nur zu Fuß erreichbaren Bergdorf Mulong. Gern würde der siebenunddreißigjährige Holzfäller mit einem Fabrikarbeiter in der Stadt tauschen. Er wünscht sich Schuhe und elektrisches Licht – doch »ich habe kein Geld. Was kann ich tun?« Der wertvollste Gegenstand in seiner Hütte ist ein kleiner Plastikwecker.

Das können sich selbst die klugen Journalisten von der führenden chinesischen Wochenzeitung ›Nanfang Zhoumo‹ kaum vorstellen. Für Fortschritt und Gerechtigkeit kämpfen Südchinas politische Reformer schließlich nicht mehr wie Mao in den Bergen, sondern in der Redaktion einer jungen Zeitung, die Kantons neuen Ruf als Medienhauptstadt der Volksrepublik mitbegründet hat. ›Nanfang Zhoumo‹ (übersetzt: ›Südliches Wochenende‹) bildet heute die Speerspitze des liberalen, investigativen Journalismus in der Volksrepublik. Das Blatt darf die Autorität der Partei natürlich nicht in Frage stellen, wie der sechsunddreißigjährige Chefredakteur Xu Lie beteuert. Doch im Rahmen der Zensur gibt die junge Redaktion (Durchschnittsalter: 28) ihr Bestes.

Die Journalisten versuchen, die wilde Wirklichkeit so zu beschreiben, wie sie ist: mit mitleidlosen Bettlerporträts und harten Ökoreportagen, skandalösen Krankenhausgeschichten und genauen Prozeßberichten. Eine Titelgeschichte dokumentiert den Fall eines zu Unrecht verurteilten Unfallbeteiligten, der zum Opfer des Korruptionsgeflechts zwischen Polizei, Partei und Richter wurde. Der Autor Guo Guoseng beschreibt die mühselige Recherche als publizistische Strategie: »Wir nähern uns den Themen über den Alltag, anstatt direkt hochgestellte Persönlichkeiten oder die herrschende Politik anzugreifen.« Ein anderer Titel bedarf keiner Erklärung: »Wenn chinesische Kinder sich in die Sesamstraße verlieben« zeichnet ein positives Bild der seit kurzem in Shanghai ausgestrahlten amerikanischen TV-Serie und geißelt die mangelnden Selbstentfaltungsmöglichkeiten chinesischer Schulkinder.

Die 1982 gegründete ›Nanfang Zhoumo‹ erreicht eine Auflage von 1,2 Millionen Exemplaren im ganzen Land, davon 120 000 in Peking – vor fünf Jahren waren es landesweit erst halb soviel. Wichtiger noch: Die tägliche Auflage des Parteiblatts ›Pekinger Volkszeitung‹ ist von über zehn Millionen zu den Zeiten der Kulturrevolution auf 2,3 Millionen gesunken. Das Geheimrezept für diesen Erfolg verkündet der Vize-Präsident von Chinas erster Mediengruppe, dem Tageszeitungskonzern ›Guangzhou Ribao‹: »Mehr Informationen, höhere Auflage, mehr Werbung«, sagt Ling Jinkeng. Mit Betonung auf mehr Werbung. Statt vier Seiten wie noch in den achtziger Jahren druckt seine Tageszeitung Ende der neunziger Jahre 48 Seiten – viermal so viel wie die »Volkszeitung«. Die Verlage sehen sich als Wirtschaftsunternehmen – und genießen dabei Rückendeckung aus Peking, das mit der Pressereform im Süden experimentiert. »Unser Stil ist flexibler, liberaler, gewinnorientierter«, betont Ling. »Wir waren schon 1991 die einzigen, die in China den Golfkrieg zum Titelthema gemacht haben.«

Es gibt noch viele kleinere Blätter, die die sanfte Medienrevolution fortschreiben und die Kioske der Stadt so bunt färben wie nirgendwo anders im Land. Nicht nur die Leser profitieren davon. »In Peking muß man Journalisten bestechen, damit sie über uns schreiben. Hier nicht«, berichtet Yang Meiqi, die sich als Gründerin des ersten modernen Tanztheaters der Volksrepublik einen Namen gemacht hat.

Will man ihr Ballett besuchen, muß man zurück in die Vorstadt von Guangzhou: entlang dem Abwasserkanal, an dem der Rockstar Wang Lei für das neue China komponiert, vorbei an unzähligen Kleinläden und Handwerkergeschäften, denen der Kaufhausmagnat Shao Jianming als Vize-Präsident des mächtigen Privatunternehmerverbandes vorsteht. Dann aber endet plötzlich das Häusergewirr, und die Straßen sind wieder geteert. Frisch bepflanzte Parkanlagen im ersten zarten Grün vor rosa Apartmentgebäuden zeigen an, daß sich im Außenbezirk Shahe die Neureichen niedergelassen haben.

Yangs fünfzehn Tänzerinnen und Tänzer sind postmoderne Artisten, denen alles Rote suspekt und jeder traditionelle Schritt zuwider ist. Zu dritt kauern drei Frauen auf der Bühne, über ihnen thront ein Mann, bis eine vierte die drei befreit, ohne daß der Mann sich rührt. Nur eine kleine Tanzvariation, die sich die Ballerina Long Yunna selbst ausgedacht hat. Zuletzt gewann die zierliche Tänzerin den Einzelwettbewerb beim Internationalen Tanzfestival in Paris.

»Verglichen mit Paris ist Guangzhou schmutzig«, entsinnt sich Long Yunna. »Doch hier fühle ich mich stark genug, den Männern zu widerstehen, um das zu leben, was ich bin«. Natürlich, sagt sie, könne sie auch einen reichen Mann heiraten oder eine Hauptrolle in Shanghai oder Peking übernehmen. Aber nur in Guangzhou hätte sie die Chance, dereinst für China das darzustellen, was ihr Vorbild Pina Bausch für Deutschland verkörpere: eine moderne Choreographin, die mehr als nur die Liebe beschreibt. Doch die Welt der Avantgarde ist klein und der Reiz des Geldes groß. Longs beste Freundinnen tanzen in den Nachtbars am trüben Perlfluß, vor den Gewinnertypen der unbarmherzigen Provinz.

# Sichuan

*Der Zorn der guten Menschen*

**Herr X.,** den die Chinesen als den guten Menschen von Sichuan kennen, wurde gefragt, wie er die harten Zeiten während der Kulturrevolution überlebt habe. Herr X. erbleichte: Er habe für die Frau Maos gespielt und nicht geweint. Darin aber läge die Kunst der Sichuaner: sich zu verstellen, wenn man traurig ist.

Der Schauspieler und Regisseur Herr X. alias Xiao Ting ist Chinas wichtigster Brecht-Interpret. Sensibel, spritzig, sichuanisch gibt er sich im Teehaus unter Neonlicht. Seine Spezialität: die farbenprächtige Sichuan-Oper – ein temporeiches Maskenspiel, das die menschlichen Widersprüche schonungslos entlarvt. Xiao, ein kleiner, älterer Herr im Seidenhemd mit weißen Lackschuhen, hat das Brechtsche Meisterstück »Der gute Mensch von Sezuan« neu inszeniert. Mit der modernen Show jahrhundertealter Spieltechniken, die bereits in Deutschland, Frankreich und Spanien gastierte, liefert er den Beweis für die Lebendigkeit der chinesischen Provinzkultur im wilden, aufstrebenden Sichuan.

»In unserer Provinz herrscht überhaupt große Armut«, eröffnet Wang, der Wasserverkäufer, das Brechtsche Sichuan-Drama. Das stimmt immer noch. Die Zeit scheint stehengeblieben, wenn Bauern im kargen Hügelland Ostsichuans ihren Kindern dreimal am Tag Süßkartoffelbrei servieren. Ohne Wasser und Strom, gesegnet nur mit der eigenen Scholle Ackerland, leben zwei Drittel der Bevölkerung Sichuans, als ob in Peking weiterhin der Kaiser regiere.

Aber es gibt auch Bauern, die im Allrad-Jeep über die Dörfer jagen, Kleiderhändler, die Containerschiffe beladen lassen, und Suppenküchenbesitzer, die ihre Restaurants nicht mehr zählen können. Die junge Elite, die sich mit Dreistheit und Mut nach oben geboxt hat, belebt auf ein Neues den alten Stolz der Provinz: Wo in China sind die Bauern reicher als zwischen den Mandarinenbaumreihen am Minjiang-Fluß? Wo sind die Reisfelder grüner, schmecken die Lychees süßer, ist die Berglandschaft heiliger? Schon vor über 2000 Jahren nannte man das Vierstromland am oberen Yangtse ein »Paradies auf Erden«, ein »Land im Überfluß«.

Im Westen schwingen sich Gletschergipfel bis auf über 7000 Meter empor. In den Bambuswäldern des Nordens, Ausflugsziel zahlreicher Touristen, fristen die letzten tausend Panda-Bären der Welt ihr hoffnungsloses Dasein. Das Kernland Sichuans aber besteht aus der größten und fruchtbarsten Landebene Chinas: dem Roten Becken rund um die Hauptstadt Chengdu. Gewaltige Ströme durchziehen die seit Jahrtausenden bewirtschaftete Terrassenlandschaft. Sie münden in den Yangtse, der das von Bergen eingeschlossene Land mit der Außenwelt verbindet.

Gerade weil die Geographie die Provinz an den Rand des Kaiserreichs drängte, gelten die Menschen als selbstbewußt, temperamentvoll und widerspenstig. Sie sind zielstrebig und lebenstüchtig, humorvoll und streitlustig. Nicht zufällig waren die Sichuaner 1911 die ersten, die die bürgerliche Revolution anzettelten, und 1949 die letzten, die sich der Volksbefreiungsarmee unterwarfen.

Doch in der alten Kulturregion, die größer ist als Frankreich und die unter Einbezug Chongqings mit 116 Millionen fast so viele Einwohner hat wie Japan, gären Widersprüche. Durch die mit Hacke und Spaten bewirtschaftete Hügellandschaft des Ostens führen frisch betonierte Autobahnen, auf denen schwarze Limousinen nicht aufs Tempolimit zu achten brauchen – bis der Stau sie stoppt. Neben dem zahnlosen Dorfältesten in einem Armutsbezirk, der von den Qualen während der Kulturrevolution erzählt, hockt ein fünfzehnjähriger Mittelschüler in Jeans und Anorak, der englisch spricht und davon träumt, Ingenieur zu werden. Seine Kulturrevolution kommt aus Amerika.

Gerade einmal hundert Mark im Jahr verdienen die Ärmsten der Armen, 4,6 Millionen sichuanische Bergbauern, die nicht hungern, aber denen eine Schüssel Reis Luxus bedeutet. Die Aufsteiger in den Städten hingegen verdienen den Jahreslohn der Armen in einer Stunde. Es sind diese Gegensätze, die Peking zum Beginn des 21. Jahrhunderts eine zweite Reformphase aufzwingen. Auf die Wirtschaftsliberalisierung muß der Aufbau eines Sozialstaats folgen.

Das dynamische Zentrum der Provinz ist die Zehnmillionenmetropole Chengdu. Einst Ausgangspunkt der südlichen Seidenstraße, gleicht die traditionsreiche Handelsstadt heute wie früher einem einzigen farbenprächtigen Marktplatz. Unter Platanen und Betonbrücken wird angeboten, was das neue China zu bieten hat: Kiwis und Versace-Hemden, Kondome und Kaffeemaschinen, Heckspoiler und Basketbälle. In der Provinzhauptstadt mit ihren glitzernden Kaufhäusern und überfüllten Restaurants hat der aufblühende privatwirtschaftliche Dienstleistungsbereich den zumeist staatlichen Industriesektor überflügelt. »Chengdu ist das gute Beispiel im Westen Chinas. Es ist eine Servicemetropole und keine Industriestadt«, lobt Lei Zhou, ein Jungmanager aus Shanghai, der die Siemens-Vertretung in Sichuan mit ihren über siebzig Mitarbeitern leitet.

Längst hat sich die moderne Stadtgesellschaft vom maoistisch-konfuzianischen Erbe befreit. Eng umschlungen spazieren die jungen Pärchen Chengdus grasgrüne, vom Industriemüll bereinigte Flußpromenade entlang. Hier, im Zentrum der Metropole, pflegt man an sonnigen Nachmittagen die Tradition der Teehäuser, die als Begegnungsstätten für die Ruhelosen dienen: die Börsenspekulanten und Copyright-Fälscher, die Bettler und Prostituierten. Gemein ist ihnen allen der Kampf ums tägliche Überleben, der nicht aufhört, bis sich die

Gewinner und Verlierer des Tages – die einen im Fünf-Sterne-Hotel, die anderen auf der Straße – spät abends am »Feuertopf« versammeln, jenem brennend scharfen Fonduegericht, dem die Sichuan-Küche ihren Weltruf verdankt.

Doch je weiter man sich von der Hauptstadt entfernt, desto kärglicher werden die Mahlzeiten, desto ärmer und unflexibler erscheinen die Menschen. Dem fremden Besucher mag der Eindruck entstehen, als wirke sich die Dynamik Chengdus geradezu lähmend auf das umliegende Land aus. Sichuan zählt vierzig Millionen werktätige Bauern, das sind zwei Drittel der arbeitsfähigen Bevölkerung der Provinz. Zwar ist ein Teil der Landarbeiter zu neuen Ufern aufgebrochen und bildet das Heer der chinesischen Wanderarbeiter. Doch die große Masse bewegt sich nicht.

Der Weg in die Provinz der Provinz führt vorbei an Orangen- und Kiwi-Plantagen. Seit sie auf private Rechnung Früchte für die Städte ernten, sind die Bauern im fruchtbaren Becken rings um Chengdu zu großem Wohlstand gekommen. Ihre von Bambus umstellten Höfe sind gutbestückt und bieten Fremdenzimmer für erholungsbedürftige Städter. Doch eine halbe Tagesreise weiter, in der subtropischen Hügellandschaft Ostsichuans, werden Straßen zu Pfaden, Brücken zu Stegen und Häuser zu Hütten. Und die Zahl der Menschen, die die immer unzugänglicheren Talsohlen bevölkern, nimmt nicht ab. Die Hügelbauern von Sichuan verfügen weder über eine gesicherte Stromversorgung noch über fließend Wasser und erledigen die Tagesgeschäfte zu Fuß. Hier nennt der Dorfälteste denjenigen wohlhabend, der für die Festtage Reis aussät. Ansonsten bedecken Süßkartoffelfelder die für den Menschen bestellbare Ackerfläche.

Jenseits eines mit Lotusblumen bedeckten Tümpels, um den sich ein Schweinepfad schlängelt, liegt das Dorf Dafuo des Kreises Lezhi. Ausländer waren im Dafuo noch nie zu Besuch. Den unangemeldeten Gästen begegnen entsetzte Kinderblicke. Nur ein fünfzehnjähriger lockiger Junge, der einmal Ingenieur werden will, bricht mit seinen Englisch-

Kenntnissen den Bann, der das Dorf von der Außenwelt trennt: »This water you can drink«, verkündet er stolz vor einem vermoderten Ziehbrunnen.

Sein hagerer Großvater im blauen Maoanzug erzählt von der Zeit der Leiden in Dafuo: Wie die Parteikader die Schweine schlachten ließen und den Bauern die Ernte wegnahmen. »Das ging nur ein halbes Jahr gut.« Bald folgten die großen Hungersnöte, die erste 1960 unter Maos »Großem Sprung nach vorn«, die zweite während der Kulturrevolution. »Zweimal kam ich mit Hungerödemen ins Krankenhaus, zweimal sagten die Ärzte, ich müsse sterben«, erinnert sich der alte Mann. Das Leben ging irgendwie weiter, bis die Familie nach der Landreform 1978 unter Deng Xiaoping ein Stück Ackerboden so groß wie ein Schrebergarten erhielt. Das reicht bis heute, um alle Hungerängste zu begraben.

In der Zwischenzeit hat sich das halbe Dorf in einer Hütte versammelt. Es gibt an diesem Ort jenseits von allem Fortschritt offenbar eine Diskussionskultur. »Du glaubst, heute gehe es uns gut, aber wir sind immer noch sehr arm«, wirft eine junge Mutter mit forscher Stimme ein. Sie trägt keine Oberbekleidung und ein Baby im Arm. Der Alte erwidert: »Ich weiß. Aber die Kinder in der Stadt sind nicht glücklicher als wir.« Und es beginnt ein stundenlanges Gespräch.

Ein ehemaliger Direktor der lokalen Landwirtschaftsschule in Chengdu faßt die Worte der Bauern in ein chinesisches Sprichwort: »Man ist glücklich, wenn man zufrieden ist. Und die meisten Bauern in Sichuan sind heute zufrieden«, sagt Xie Shijie, 63, heute Parteichef und mächtigster Mann Sichuans. Der kleine Kadermensch mit der weichen Stimme ist de facto der König der Provinz. Er trägt einen karierten Blouson über dem schwarzen Sweatshirt, aber keine Krawatte – soviel Arbeiterkultur ist noch übrig geblieben. Allerdings, er spricht die Sprache der Reformer, die seit der Regierungsübergabe von Li Peng an Zhu Rongji im Frühjahr 1998 einen neuen Ton angeben: direkte Antworten auf direkte Fragen, die kein Propagandasekretär vorauseilend bearbeitet hat.

Nicht die seit Generationen unbewältigte Armut auf dem Land ist sein größtes Problem, sondern die neue Arbeitslosigkeit in den alten Industriezentren Sichuans. Tatsächlich leidet die Provinz dort am meisten, wo sie noch vor Jahren am fortschrittlichsten war. In den alten Revieren der Schwerindustrie liegen die Ruinen der maoistischen Vergangenheit: dampfende Chemiewerke, die Dünger ausspucken, den kein Bauern auf sein Feld trägt, verrostete Stahlfabriken, die Panzermetalle für nie geführte Kriege auf Halde produzieren. Für die Arbeiter der unnützen Staatsbetriebe sieht die Zukunft düster aus. Massenentlassungen stehen längst auf der Tagesordnung. Nur noch einen Bruchteil der Staatsunternehmen will die Parteiführung in Chengdu weiterfinanzieren, den übrigen drohen radikale Umstrukturierungen oder der Bankrott. »Unsere Staatsbetriebe sind in der Regel schlecht geführt«, stellt Provinzchef Xie nüchtern fest.

Immer wieder haben westliche Nachrichtenagenturen in den neunziger Jahren von Arbeiterprotesten in Sichuan berichtet. Keine andere Provinz Chinas scheint über ein ähnliches Widerstandspotential zu verfügen. Oft erreichen die Meldungen über private Kanäle das Ausland und sind schwer zu überprüfen. Fest steht jedoch: In der nordsichuanischen Industriestadt Mianyang kam es im Sommer 1997 zu einem der heftigsten Aufstände in der Volksrepublik seit den Studentenunruhen von 1989. Die New Yorker Menschenrechtsorganisation Human Rights in China wußte von hunderttausend Arbeitern, die gegen ihre Entlassung aus Staatsbetrieben demonstriert hatten. Die Partei widerspricht: »Protest gab es, aber es waren nicht Zehntausende, sondern zwischen dreißig und vierzig Arbeiter, die neue Wohnungen forderten«, behauptet ein Parteikommissar namens Tang Jian in Chengdu. Parteichef Xie ist etwas ehrlicher: »Die Demonstrationen fanden statt. Daß sich die Arbeitslosen beschweren, gehört bei uns zum Alltag.«

Die Wahrheit läßt sich nur in Mianyang selbst erfahren: Von Chengdu geht es auf einer holprigen Landstraße neben

Wasserbüffeln und Pferdekarren Richtung Norden – drei Stunden für hundert Kilometer. Aber man kann auch die nagelneue Autobahn nehmen und die Fahrtzeit um zwei Stunden verkürzen. Auf der Einfahrt nach Mianyang grüßen gigantische Propagandaparolen die Arbeiter und Bauern: »Auf den Weltmarkt gehen!« fordern die örtlichen Kommunisten. »Den Wettbewerb annehmen!«

Jeder in Mianyang kennt die alte Seidenfabrik in der Xishan-Allee. Noch immer schmückt ein fein geschnitztes Tempeldach das von Palmen überschattete Fabriktor, durch das die ehemals viertausend Arbeiter der staatlichen Jintonli-Weberei jeden Morgen zogen. Inzwischen sind es nur noch tausend Angestellte, die den Wettbewerb annehmen dürfen und in der umbenannten Jintuoling-Fabrik eines Großkonzerns aus Singapur arbeiten. »Viele von uns sind gegen die Reformen«, erklärt die ehemalige Seidenarbeiterin Sun Hong, die in der Nähe ein kleines Restaurant eröffnet hat.

Sun zählte im Sommer 1997 zu den Demonstranten, die die breite Xishan-Allee ein paar Stunden lang besetzt hielten. »Mehrere tausend« seien sie gewesen, berichtet Sun. »Zehntausend«, präzisiert ein früherer Kollege. Damals ging es ihnen um die staatlichen Wohnungen, die sie – nachdem der Arbeitsplatz schon verloren war – wegen eines geplanten Neubaus verlassen sollten. Schließlich erreichte man einen Kompromiß. Die Arbeiter zogen erst um, als neue Wohnungen am Stadtrand bereitstanden. Sun aber wagte den Sprung in die Selbständigkeit: Heute trägt die Wirtin eine gelbe Nike-Weste und modische Stöckelschuhe. Das unterscheidet sie von Bruder und Schwester, die einen Fabrikanzug tragen und in ihrer Küche getrocknetes Rindfleisch und Lotuswurzeln schneiden. »Eine selbständige Tätigkeit ist heute sicherer als die Arbeit in einer Fabrik«, hat die ältere Schwester gelernt.

Der Konflikt von Mianyang hat Beispielcharakter. Ähnliche Proteste gab es südlich von Chengdu in der Industriestadt Zigong, wo die Arbeiter einer geschlossenen Radiofabrik ihre staatliche Unterstützung nicht mehr erhielten.

Oder im uralten Dujiangyan, wo Arbeitslosen, die als Rikscha-Fahrer ein Zugeld verdienen, die Fahrradlizenz entzogen wurde.

Nach Dujiangyan führt heute eine vierspurige Schnellstraße von Chengdu durch den fruchtbarsten Teil des Roten Beckens. Die Stadt liegt am Rand der Ebene, wo der mächtige Minfluß das Gebirge verläßt. Hier erfand der Mandarin Li Bing vor 2200 Jahren ein Bewässerungssystem, das die alten Chinesen neben der Großen Mauer und dem Kanal von Peking nach Hangzhou als Weltwunder priesen. Es funktioniert heute noch und bewässert ein Areal von 3,2 Millionen Hektar, welches man seit Kaisergedenken das »größte Reisfeld Chinas« nennt.

Dujiangyan ist die schönste Stadt Sichuans, durchzogen von Kanälen, durch die frisches Bergwasser rauscht, überschattet von heiligen Tempelbergen, die über die Jahrhunderte als Rückzugsorte für Buddhisten und Taoisten dienten. In dem ländlichen Städtchen lebt unter Weidenalleen die alte Teehauskultur fort: Männer jeden Alters entspannen sich auf tiefen Bambusstühlen mit langer Kopflehne beim chinesischen Schach, rauchen und schlürfen den ganzen Tag lang grünen Tee. Von dem Marktleben, das um sie herum tobt, nehmen die Schachspieler nur gelegentlich Notiz, um einen der herumstreunenden Nougat- oder Reisballverkäufer heranzuwinken, mit deren Süßware sich der Teegenuß vollenden läßt. Doch eigentlich haben sie kein Geld dafür.

In Wahrheit ist die große Überzahl der Teehausgäste arbeitslos und die Ruhe, die sie ausstrahlen, täuscht. Zweimal kochte der Ärger der Arbeitslosen in Dujiangyan bereits über. Einmal versammelten sich tausend Rikschafahrer auf dem mit tropischen Balkonpflanzen mehrstöckig begrünten Rathausplatz. Vor der in chinesischen und englischen Lettern prangenden Parteiparole »Open up and advance to benefit the people« protestierten die ehemaligen Arbeiter gegen den Entzug ihrer Fahrradlizenz und bekamen sie von den Parteioberen prompt zurück.

»Seit sieben Monaten habe ich kein Gehalt mehr bekommen, das Arbeitsamt kümmert sich nicht um mich, und ich muß zwei Kinder ernähren«, klagt ein ehemaliger Maschinenbauarbeiter. Kurzerhand entschied er sich im Himmelsdrachen, dem Fahrradgeschäft am Kanal, eine Rikscha für das Doppelte seines früheren Monatsgehalts zu erstehen. Knallrot glänzt das Dreirad zwischen seinen verstaubten Hosenbeinen. Im Sommer verdient er damit mehr als in der Fabrik, im Winter eher weniger. »Aber ich fühle mich freier als an der Werkbank«, sagt der Tretarbeiter über seine neue Tätigkeit.

Die fünfhundert Kollegen der staatlichen Minfluß-Holzmaschinenfabrik, die im September 1998 das Stadtzentrum Dujiangyans besetzten, sind seit dem Lohnzahlungsstopp ihres Betriebs weniger gut gelaunt. Sie fühlen sich als Opfer von Korruption und fehlgeleiteten Investitionen: »Unsere Vorgesetzten sind alle korrupt, oder zumindest die meisten von ihnen. In den letzten fünfzehn Jahren haben sie nichts anderes getan, als unsere Fabrik Stück für Stück zu verkaufen. Damit sind sie reich geworden, während wir nicht einmal mehr unser Grundgehalt bekommen«, schimpft ein Arbeiter, der an den Protesten teilnahm. »Sie leben in Villen mit schußsicheren Fenstern, fahren teure Autos, treiben sich mit Frauen in Nachtclubs herum, und wir haben Probleme, unsere Familie satt zu bekommen«, ergänzt ein anderer Angestellter der Holzmaschinenfabrik. So ertappt man sie: die im Toyota-Luxus schwelgenden Neureichen, von denen die wenigsten ihres eigenen Glückes Schmied sind und im Schatten der Partei halblegalen Geschäften nachgehen.

In Dujiangyan, Mianyang und Zigong aber gelang es den Behörden, die Konflikte mit sozialen Übergangsmaßnahmen zu entschärfen und schlimmeren Gewaltausbrüchen vorzubeugen. Darin liegt eine Stärke der Partei: Sie ist sich der Dynamik sozialer Eruptionen an der Basis in aller Regel bewußt und reagiert selten mit offener Repression. In Dujiangyan ließ die Polizei die Demonstranten in beiden genannten Fällen gewähren. In Mianyang stoppte sie den Demonstrationszug der Textilarbeiter erst an der Hauptstraße zum Rathaus. Einzig in der Stahlarbeiterstadt Jiangyou waren bei einer Eisenbahnblockade im Oktober 1998 zehn Demonstranten von der Polizei verletzt worden.

Jiangyou im abgelegenen Norden Sichuans war einst ein Hort des Maoismus. Die viele Dynastien alte Handelssstadt erlebte ihre letzte Blütezeit unter dem Großen Vorsitzenden, der hier Schwer- und Rüstungsindustrien ansiedelte, die ihm an der Küste militärisch gefährdet erschienen. Der historische Ort, an dem der klassische Konfuzionianer Li Bai im sechsten Jahrhundert Verse dichtete, die jedes wohlerzogene Schulkind in China nachbeten kann, gleicht heute nur noch einer losen Ansammlung von Industrieruinen, durch deren Mitte schwarze Dampflokomotiven mit Güterwaggons voller wertloser Stahlware keuchen.

In Sichuan liebt man außer dem Teehaus auch Hitze, Streit und Temperament. Als den Stahlarbeitern von Jiangyou drei Monate lang alle Bezüge gestrichen wurden, blockierten fünfhundert Arbeiter die große Bahnstrecke in die Wüste Gobi. Der Protest eskalierte zum gewaltsamen Zusammenstoß mit der Polizei. Fünfzehn Arbeiter wurden festgenommen. Zwei von ihnen wanderten am 20. Januar 1999 ohne Gerichtsverfahren ins Arbeitslager, just als die Werksleitung per Anschlag am Fabriktor den Bankrott erklärte. Noch Wochen später herrscht rund um das Stahlwerk Revoltenstimmung.

»Keiner weiß, was mit der Fabrik passiert und wie es weitergeht«, faucht es aus der Arbeiterrunde, die sich in einem kleinen Nudelsuppenlokal auf Plastikhockern versammelt hat. »Wir bekommen als Arbeitslose noch 129 Yuan im Monat (umgerechnet rund 28 Mark). Das ist gerade genug fürs Essen«, klagt ein junger Arbeiter. Er erzählt, wie es zu den gewaltsamen Protesten gekommen sei: Keineswegs mutwillig habe man die Eisenbahn blockiert, berichtet er. Zuvor seien alle Beschwerden von den lokalen Parteiinstanzen zurückgewiesen worden. Die Zeitungen hätten trotz wiederholter

Bitte nichts berichtet. Man habe in Notwehr gehandelt. Außerdem verspreche Peking allen Arbeitslosen eine monatliche Grundsicherung von 160 Yuan (35 Mark).

Niemand in der Runde kritisiert die Zentralregierung. Vielmehr sei das Stahlwerk von Jiangyou ein typisches Beispiel für die Mißstände, die auch in Peking angeprangert würden. Seit Jahren mache die Fabrik Verluste. Die Werksführung habe über ihre guten Beziehungen zu den Banken immer wieder Kredite bekommen, unnütze Investitionen getätigt und sich ein schönes Leben gemacht. »Den Bankrott der Firma können wir noch hinnehmen, wenn nichts mehr geht. Aber nicht die Korruption der Beamten«, schimpft der Wortführer der Runde.

Unter dem Schutz seiner Aufpasser hat sich unterdessen ein Werksleiter den Weg ins Nudellokal gebahnt. In brauner Lederjacke, darunter die rosa Krawatte auf schwarzem Hemd, baut sich der Parteikader vor den Arbeitern auf. In der einen Hand trägt er eine Aktenmappe, in der anderen ein Handy. Der Boß verhandelt nicht. Unter Polizeidrohung löst er die Versammlung auf. Die Menschen murren und drängen hinaus in die Gassen. Vor der Silhouette des riesigen Stahlwerks erinnert die Szene an die Anfänge der Arbeiterbewegung.

In Jiangyou könnte der Konflikt zwischen Arbeitslosen und Parteikadern jederzeit zur offenen Straßenschlacht eskalieren. Doch kommen die Gegner der Pekinger Reformpolitik weniger aus dem einfachen Volk als aus der privilegierten Schicht mittlerer Funktionäre, die ihre Mißwirtschaft vertuschen will. Hierin liegt eine Schwäche der Partei: Ihren Kadern fehlt in aller Regel die Kompetenz im Management, um die auf dem fünfzehnten Parteitag vom September 1997 beschlossene Privatisierung der Staatsbetriebe vor Ort erfolgreich durchzuführen.

Offiziell liegt die Arbeitslosigkeit in Sichuan bei vier Prozent. Allerdings dürfte längst ein Großteil der insgesamt 9,5 Millionen Arbeitsplätze in staatlichen Betrieben gefährdet sein. Die meisten von ihnen wurden wie in Jiangyou noch in der Mao-Zeit gegründet: Es sind die schon erwähnten Schwerindustrien und Rüstungsbetriebe des »Dritte-Front-Projekts«, mit dem sich der Große Vorsitzende im entlegenen, unangreifbaren Sichuan gegen den Feind Sowjetunion wappnen wollte. Als einziges zukunftsweisendes Erbe dieser Zeit aber sind eine Satellitenstation im Süden der Provinz und ein Weltraumforschungszentrum in Mianyang geblieben.

Dementsprechend gemischt sind die Wirtschaftsaussichten für Sichuan: Jeder zehnte Chinese ist Sichuaner, doch die Provinz erwirtschaftet mit einem Bruttosozialprodukt von hundert Milliarden Mark nur ein Sechzehntel des Volkseinkommens. Tendenz ungewiß. Das Wirtschaftswachstum von Sichuan sank entsprechend dem Landesdurchschnitt von vierzehn Prozent im Jahr 1993 auf zehn Prozent im Jahr 1998. Hinzu kommt der Verlust Chongqings, der größten Stadt Sichuans, die 1997 in einen eigenen Regierungsbezirk verwandelt wurde, der – wie Shanghai oder Tianjin – direkt der Pekinger Zentrale unterstellt ist. Grund dafür ist der Drei-Schluchten-Staudamm am Yangtse, der Chongqing einen gewaltigen Investitionsschub verspricht – aber auch neue Probleme, wie die Umsiedlung von Millionen Menschen.

»Verglichen mit den reichen Küstenregionen um Shanghai oder Guangzhou ist Sichuan zurückgeblieben. Doch im Vergleich mit den Inlandsprovinzen schneidet es sehr gut ab«, skizziert Song Xinyu, der ehemalige Leiter der Roland-Berger-Unternehmensberatung in Peking, die Lage der Region zwischen Fortschritt und Rückständigkeit. Als Nachteile nennt Song die große Distanz zur Welt jenseits der chinesischen Grenzen, eine schlechte Infrastruktur und geringe Auslandsinvestitionen. Vorteile erkennt er im hohen Bildungsstandard, einer guten, jedoch veralteteten industriellen Basis und der geradlinigen Mentalität: »Es gibt hier wenig Betrüger.« Song, der selbst aus einer der ärmsten Provinzen Chinas stammt, sieht Sichuan am Scheideweg: Entweder gelingt der wirtschaftliche Durchbruch von Shanghai ins Hinterland, oder die traditionelle Abkoppelung Sichuans erweist sich als Schicksal.

Nicht anders denkt die Pekinger Führung. Schon auf dem vierzehnten Parteitag im Herbst 1992 erklärte die Partei Sichuan zum Schaufenster ihrer Reformbemühungen. Seither soll die bevölkerungsreichste aller Inlandsprovinzen den Beweis erbringen, daß China den Weg zum Wohlstand für alle geht und nicht nur ein dünner Küstenstrich von den Reformen profitiert. Peking hat es sich nicht leicht gemacht. Zur ersten Hochtechnologiezone Sichuans erklärten die Reformer ausgerechnet einen Ort, der den Erfolg ihrer Politik in Frage stellt: Mianyang. Fern der alten Seidenfabrik, vor den Südtoren der Stadt breiten sich heute moderne Industrieansiedlungen aus: flachgezogene Fabrikhallen neben sperrigen Lagerhäusern, blau verglaste Bürotürme auf grünen Wiesen. Vieles davon gehört Changhong, dem größten TV-Gerätehersteller Chinas. Schon heute kommt jeder fünfte Fernseher in der Volksrepublik aus Mianyang. Das macht die Stadt bekannt.

»Mianyang hat eine einmalige Chance«, begeistert sich Unternehmensberater Song in Peking. Die Arbeitskosten in Sichuan lägen bei einem Drittel der Küstenpreise. »Wenn Changhong es richtig macht und eine offensive Volumenstrategie führt, könnte das Unternehmen Japaner und Koreaner überholen und zum Weltmarktführer aufsteigen.« Vielleicht ahnen die Arbeitslosen von Mianyang gar nicht, wie gut es um ihre Zukunft in Wirklichkeit steht.

Xie Shijie, der als Parteiführer Bescheidenheit und Ehrlichkeit verkörpern will, sähe es gerne so. Doch der sanft auftretende Spitzenmann, der sich im verhärteten Ost-West-Klima nach der NATO-Bombardierung der chinesischen Botschaft in Belgrad im Mai 1999 als einer der ersten im Land für den Ausbau der Beziehungen zum Westen starkmacht, stellt für seine Provinz auch eine Bürde dar. Schon seit Jahren entsendet Sichuan keinen Vertreter mehr ins Politbüro. Der einst mächtige Provinzparteichef Yang Rudai stürzte 1993, als Tausende aufgebrachter Bauern in seiner Heimatstadt Renshou das Parteigebäude niederbrannten. Sie hatten das Politbüromitglied Yang im Verdacht, ihre Straßenbauabgabe für Immobilienspekulationen zweckentfremdet zu haben. Peking sah das ähnlich und ließ Yang fallen. Der unauffälligere Nachfolger Xie Shijie hat seither Mühe, Sichuan einen prominenten Platz im politischen Zentrum zurückzuerobern. Dem neuen Provinzchef winke keine nationale Karriere, heißt es abfällig in Peking.

Sichuans politischer Einflußverlust mußte die Pekinger Führung solange nicht stören, wie Deng Xiaoping die Geschicke der Nation lenkte. Denn gegen Deng, den berühmten Sichuaner, wollte in der Provinz niemand aufbegehren. Seine Porträts schmücken in Chengdu auch nach seinem Tod im Februar 1997 die meisten Parteigebäude: Oft sieht man ihn als Bergsteiger auf dem heiligen Gipfel des Emeishan im Westen Sichuans. Das Motiv unterstreicht Dengs gelöstes Verhältnis zur religiösen Tradition, die im Emeishan einen der vier heiligen Berge des Buddhismus in China sieht.

Der 1904 geborene Sohn eines Landbesitzers in Guang'an (nördlich von Chongqing) ebnete Sichuan den Weg ins zwanzigste Jahrhundert, als er im Jahr 1978 seinen Zögling Zhao Ziyang, damals Parteichef und Gouverneur von Sichuan, mit einer Landreform beauftragte, die neunhundert Millionen Bauern vom Kommuneneigentum befreite und bis heute als größter Erfolg der kommunistischen Reformpolitik gilt.

Schon Anfang der fünfziger Jahre war Deng als Leiter des Südwest-Büros des Zentralkomitee der Partei für eine erste pragmatische Bodenreform in Sichuan verantwortlich gewesen. Doch damals ersetzte ihn Mao durch einen radikalen Verehrer: Li Jingquan regierte Sichuan von 1952 bis 1967 und wurde von Jiang Qing, der Frau Maos, für seine Rücksichtslosigkeit gepriesen. Chinesische Historiker schätzen, daß über eine Million Sichuaner unter Lis rücksichtslosem Regiment während des »Großen Sprungs nach vorn« verhungerten, als die Bauern ihre Feldwerkzeuge zum Stahlgewinn für die Schwerindustrie einschmelzen mußten. Wahrscheinlich aber ist die Zahl der Hungeropfer in den Jahren von 1959 bis 1962 noch größer. Die Kommunisten zwangen damals die Kornkammer des Reichs, die über Jahrhunderte Reis in andere Gegenden des Landes exportiert hatte, zum Getreideimport.

Auch Deng fiel in dieser Zeit in Ungnade. Die Roten Garden der Kulturrevolution warfen ihm vor, noch während der Revolution in seiner Heimat ein »unabhängiges Königreich« aufgebaut zu haben, und beschimpften ihn als »Herrscher des Südwestens«. Da ahnte noch niemand, daß der kleine Steuermann aus Sichuan eines Tages dem Maoismus den Garaus machen würde, um dann selbst als »letzter Kaiser« Chinas in die Geschichte einzugehen. Seit seinem Tod wird immer wieder betont, wie reibungslos der Führungswechsel zur dritten Generation um Jiang Zemin verlief. Für Sichuan gilt das nicht. Nach Dengs Tod hat sich die Provinz wieder den Ruf der Widerborstigkeit eingehandelt.

Überraschen darf das niemand. Chengdu stand zuletzt im Juni 1989 in Flammen, als sich hunderttausende Sichuaner den Studentenprotesten in Peking anschlossen. Nur in Chengdu erreichte die Bewegung eine ähnliche Radikalität wie in Peking. Kaufhäuser brannten. Die Metropole war in Aufruhr bis die Volksarmee mit Panzern wie in Peking für Ruhe sorgte. Manche Sichuaner aber streichen heute noch über den großen Renmin-Platz in der Mitte ihrer Hauptstadt längs der Linie, an der sich Demonstranten und Soldaten gegenüberstanden. Man kommt dabei auch an einer alten Mao-Statue vorbei, von der herab der Große Vorsitzende – wie die Sichuaner witzeln – nach einem Taxi winkt.

Wenige hier sind Mao noch persönlich begegnet, Herr X. aber kennt ihn sehr gut. Schon 1958 mußte er vor ihm auf der Bühne stehen. »Zuerst war Mao skeptisch, er bevorzugte die Peking-Oper«, erinnert sich sein Leibarzt Li Zhisui an einen mehrwöchigen Besuch in Chengdu. »Dann aber ließ er sich von der Vorstellung so mitreißen, daß er einmal seine Zigarette mit dem glühenden Ende in den Mund steckte. Danach besuchten wir die Sichuan-Oper jeden Abend.« Xiao Ting wurde zum Star, den später auch Deng beklatschte.

»Wer Gutes tut, bekommt nur Schwierigkeiten«, erklärt der Brecht-Spezialist die Höhen und Tiefen seines Künstlerlebens. Doch er bleibt ein ungebrochener Sichuaner: »Wenn die Welt ins Chaos stürzt, kann Sichuan noch gedeihen. Wenn aber Sichuan ins Chaos stürzt, muß die Welt untergehen«, warnt Xiao. So lautet eine alte politische Weisheit in China. Das war es wohl, weshalb Brecht den guten Menschen von hier kommen ließ und nicht etwa aus Henan oder Shaanxi, wo die meiste Zeit der Kaiser regierte.

# Henan, Hunan, Shaanxi, Hubei

*Bauern für Bürgerrechte*

## *Henan*

**Kung-Fu-Mönche** vermögen ihre Libido besser zu beherrschen, indem sie ihren Penis trainieren, schwere Steine zu tragen. In diesem Akt begegnen sich die traditionelle Fähigkeit zur körperlichen und geistigen Konzentration und die moderne Geilheit auf Sensationen. Beides macht das Shaolin-Kloster am heiligen Berg Songshan mit seinen siebzig kämpfenden Mönchen zum bekanntesten Ort der armen zentralchinesischen Bauernprovinz Henan mit ihren neunzig Millionen Einwohnern.

Der Aufstieg zum Kloster läßt das übervölkerte Tal rasch vergessen. Eine Zypressenallee führt durch karstiges Kalksteingebirge hinaus aus den Siedlungsgebieten im Westen Henans bis zu einer natürlichen Anhöhe, auf der sich im Schatten immergrüner Lebensbäume rotlackierte Tempelgebäude erheben. Shaolin ist eine Einöde zwischen Himmel und Erde, in der sich alle Kung-Fu-Schlägertypen der Welt ausruhen könnten.

Denn nicht nur die alte chinesische Kampftechnik mit ihren spektakulären Hieben und Sprüngen, ihren Saltos, Schlägen und Griffen wurde hier erfunden. Das Shaolin-Kloster ist zugleich die Geburtsstätte der Zen-Meditationspraxis, die Jahrhunderte später den Buddhismus in Japan revolutionierte und von dort ihren Siegeszug durch westliche Universitäts- und Managerseminare antrat.

Das ist es, was die Fans des Vulgärfernsehens im Westen

nicht verstehen: Kung Fu, die totale körperliche Anspannung, und Zen, die vollständige geistige Entspannung, gehören zusammen, werden gemeinsam erst möglich. »Um fünf Uhr morgens erheben wir uns zur Meditation«, summt Shi Yanshan, gehüllt in eine graue Kutte, im leiernden Ton, der an den Gesang der Sutren erinnert. »Tagsüber essen wir Mantu (chinesisches Weizenbrot) und Gemüse. Vor der Nachtruhe um neun Uhr verausgaben wir uns beim Kung Fu.«

Das Kloster ist arm geblieben, und was die durchreisenden Touristen in Spendenbüchsen hinterlassen, gibt man – sofern die Klostervorsteher nicht doch über Zweitresidenzen verfügen – an die Allerärmsten weiter. »Es gibt viele Kung-Fu-Kämpfer, die dem Reiz des Geldes erliegen. Wir nicht«, betont der einundsechzigjährige Shi, ein einfacher Mönch, der dem Kloster seit vierzig Jahren angehört. Ihm sei es Lohn genug, daß die tausendfünfhundertjährige Geschichte von Shaolin heute in aller Welt wahrgenommen werde. Doch wird sie auch verstanden?

Weltberühmt könnte auch die Geschichte der Provinz Henan sein: durch die Entstehung des Buchdrucks, die Entdeckung des Schießpulvers, den ersten politischen Rechts-Links-Konflikt, der in der chinesischen Reformdebatte des elften Jahrhunderts Sozialrevolutionäre und Konservative trennte, durch die damals fortschrittlichste urbane Gesellschaft der Welt. Wo und wie das alles einmal in China geschah und zustande kam, wer weiß das schon noch. Was heute zählt, sind die Börse in Shanghai und der Premierminister in Peking. Henan hat damit nichts mehr zu tun.

Dabei ist die Provinzkapitale Zhengzhou nur eine Flugstunde von Shanghai und Peking entfernt. Sie liegt also nicht am Ende der Welt, sondern in der fruchtbaren Ebene des Gelben Flußes, der alten Hauptschlagader Chinas. Hier, wo die Wiege der chinesischen Zivilisation stand, liegt die Mitte des Reichs der Mitte – und nicht etwa auf dem Platz des Himmlischen Friedens, wie die Pekinger behaupten. Nicht weit von Zhengzhou sind die Kaiserstädte Anyang, Luoyang und Kaifeng – bedeutsam wie einst Rom, Florenz und Venedig. Allerdings kommen nach Kaifeng nicht einmal Touristen, obwohl die alten Gebäude gut erhalten sind. Die Stadt ist so arm, daß sie aussieht wie Peking vor zwanzig Jahren: auf den Straßen nichts als Fahrräder.

Die Menschen schämen sich dafür. Mehr Einwohner als Deutschland zählt Henan, auf einer Fläche, die halb so groß ist. Doch nicht einmal die Masse macht Mut. Achtzig Prozent der Provinzbevölkerung lebt auf dem Land. Von Chinas neunhundert Millionen Bauern stammt jeder zwölfte aus Henan. Das verschafft der Provinz ihr archaisches Image. »Wer die Region verläßt, verschweigt seine Herkunft«, verrät ein Henaner, der etwas von der Welt gesehen hat.

Westliche Beobachter neigen dazu, die Provinz zu übersehen. In China sei die große Mehrheit der Bauern »nur Teil der Landschaft oder so gut wie unsichtbar«, versichert z.B. der australische Sinologe William Jenner. Richtig daran ist, daß das Bauernland Henan immer im Abseits lag: zu weit entfernt von den großen Städten, um an ihrem Reichtum teilzuhaben, und zu nah, um irgendein exotisches Interesse zu erwecken.

Von Zhengzhou, einer verspätet aufblühenden Handelsmetropole mit zwei Millionen Einwohnern, die die wichtigsten Bahnverbindungen Chinas von Norden nach Süden und von Osten nach Westen verknüpft, erreicht man stromabwärts nahe Kaifeng eines der elendsten Bauerngebiete Henans am Gelben Fluß. Der Landschaft ist die Armut, wie häufig in China, auf den ersten Blick nicht anzusehen. Der im Herbst gesetzte Weizen bedeckt die Ebene mit sanftem Frühlingsgrün, das von weißen Tupfern blühender Apfelbäume durchsetzt ist. Hier und da gibt es kleine Gemüsefelder, die den Eigenbedarf der Bauern decken.

Eine löchrige Asphaltstraße, gebaut aus Anlaß eines Besuchs von Parteichef Jiang Zemin, führt bis zum großen Flußdeich, wo ein Ausspruch Mao Zedongs in eine Granittafel eingeritzt ist: »Die Sache des Gelben Flusses gut machen«, heißt es mit Datum vom 13.Oktober 1952. Das war die Zeit, in der die Bauern lernten, an den Kommunismus zu glauben. Denn genau hier, im überschwemmungsgeplagten Land am Unterlauf des Gelben Flusses verzeichnen die Annalen im Laufe von 2000 Jahren mehr als 1500 Dammbrüche – und seit Mao keinen einzigen mehr.

Man möchte meinen, daß der »Große Kummer«, wie die Chinesen den Gelben Fluß zu nennen pflegen, seither keiner mehr ist. Doch längst ist neue Gefahr im Verzug. Der Gelbe Fluß, Chinas zweitgrößter Wasserweg, droht auszutrocknen. Im Jahr 1998 erreichte der Strom an 226 Tagen nicht mehr das Meer. Der Wassermangel hat zwei Gründe. Im Norden der Volksrepublik werden seit dreißig Jahren nachlassende Regenfälle gemessen. Die Niederschlagsmenge sinkt derzeit um jährlich zwanzig Prozent – zum Teil ausgelöst durch Waldrodung. Doch die größte Schuld am Versiegen des Stromes tragen die Bauern. Über hundert große Bewässerungsprojekte sind seit 1950 am Flußlauf entstanden. Trinkwasserversorgung und Bewässerung aber kosten den Gelben Fluß heute die Hälfte seiner jährlichen Wassermenge. Die Wasserknappheit wiederum bedroht nicht nur die Landwirtschaft, sondern auch die Industrieproduktion zahlreicher Städte im riesigen Einzugsgebiet des Gelben Flusses.

Für die Bauern der Gegend ist das nicht der einzige Kummer. Nur ihre Hütten stehen hinter dem Steinwall in Sicherheit. Ihre Felder am Fluß aber sind durch den Deich nicht geschützt und müssen auch heute noch abgeerntet werden, bevor im Juli oder August das Hochwasser kommt.

»Letztes Jahr war alles futsch. Eine Baustelle, bei der mein Mann Arbeit bekam, hat uns durch den Winter gebracht«, berichtet die neunundzwanzigjährige Bäuerin Zhang San aus dem 1000-Seelen-Dorf Heshang. Mit Fahrrad, Forke und Verpflegung setzt Zhang im März und April jeden Morgen über den Deich. Wenn die junge, lebhafte Frau dann mit flatterndem Haar die Böschung hinunterrollt, vor ihr das unendliche grüngelbe Flußtal, läßt sie sich schon einmal hinreißen und behauptet, sie möge mit niemandem tauschen. Doch unten in der Ebene ist der Tag lang. Schon eine Stunde später, während sie die Forke gegen Wurzeln und Unkraut schwingt und mit ihren schwarzen Cordschuhen im gepflügten Acker versinkt, stöhnt sie über »die schwerste Arbeit im Jahr«, die ihr der Frühling bereite.

Auch sonst hat die Bäuerin Anlaß zu Klagen. Da seien zunächst die fehlenden Ausfallszahlungen nach einer Mißernte. In der Stadt bekämen selbst die Arbeitslosen ein Almosen gezahlt. Auf dem Land müsse jeder für sich selbst sorgen, ob er verhungere, sei seine Sache. Überhaupt habe sich in den zehn Jahren, seit sie ihre Familie gegründet hat, wenig getan. »Strom, Wasser, Fernsehen – das gab es auch damals schon. Etwas Neues ist nicht dazugekommen.« Noch immer äßen sie dreimal täglich Mantou und Reissuppe. Das Getreide pflanze man selbst. Gemüse und Fleisch müsse man kaufen. Dafür aber fehle das Geld. Ohnehin verbrauche sich ihr karges Jahreseinkommen von annähernd 300 Mark mit Steuern und Gebühren. Allein das Schulgeld liege für ihren neunjährigen Sohn bei 40 Mark im Jahr. Der Ruin drohe, wenn sie ein zweites Kind bekäme: Die Strafgebühr betrage drei bis vier Jahresgehälter. Dann wäre es aus mit ihrem Traum von einem neuen Haus. Denn ihr sehnlichster Wunsch sei es, aus der Lehmhütte mit Ratten und Schmeißfliegen in ein sauberes Betonhaus umzuziehen.

Während die Bäuerin ihren Sorgen Luft macht, ohne daß die Forke auch nur einen Moment lang ruht, hat sich die Flußebene bevölkert. So weit der Blick reicht, sieht man unzählige dunkel gekleidete Gestalten, die mit Hacken den Boden bearbeiten – jede für sich auf ihrem kleinen Stück Land, aber doch so gedrängt, daß das ganze Tal wie ein riesiges Arbeitslager zwischen Deich und Strom erscheint, aus dem es kein Entrinnen gibt. Der Fluß, der so gelb ist, weil er fruchtbaren Lößsand aus dem Gebirge mit sich trägt, wirkt neben den Menschen einschüchternd mächtig. Wie oft sie den Strom schon überquert habe? »Nicht ein einziges Mal«, antwortet Zhang. »Aber ich bin im Sommer darin geschwommen.«

Abends im Dorf, zwischen Bambus und Dattelbäumen, stellt die Bäuerin auf Bitte der Fremden den Dorfältesten vor: ein verhunzeltes Männchen mit Löchern in Schuhen und Strümpfen. Es lebt mit seiner Frau allein in einer strohgedeckten Hütte. Hier fehlen sogar noch Strom und Wasser. Jeden Tag geht der Alte mit einem Korb auf dem Rücken Reisig sammeln, damit seine Frau in der Küche Feuer machen kann. Da das alte Paar nur eine Tochter hat, die seit der Heirat zur Familie ihres Mannes gehört und in einem anderen Dorf lebt, sorgt sonst niemand für sie.

»Natürlich habe ich den Fluß schon überquert – um in den großen Hungersnöten 1938 und 1960 Weizen zu kaufen«, sagt der Greis vor der Dorfrunde, die neugierig seine Hütte umringt. Wie sich schnell herausstellt, ist der Alte Kommunist – einer von der echten Sorte. Auf die Luxuslimousinen schimpft er, die jede Woche vor dem Haus des Dorfbürgermeisters und Parteisekretärs halt machen. Man solle diese Leute, die von den Bauern das Geld für ihre Feste einsammeln, aus dem Wagen holen und erschießen. Zwar müßte in ihrem Dorf niemand mehr hungern wie vor der Befreiung und während der Zeit der Kommunen unter Mao. »Aber mit dem Wohlstand ist auch die Unzufriedenheit größer geworden. Jeder sieht, wie einige auf ungerechte Weise reich werden, während die anderen arm bleiben.« Das sind harte Worte für harte Zeiten, und die Dorfrunde schweigt.

Überall dort, wo die Bauern in Henan Bauern bleiben, findet Fortschritt nicht statt. Durchschnittlich vier Prozent Wachstum erzielte die Landwirtschaft Henans zwischen 1982 und 1997, viel weniger als in anderen Regionen. In der Industrie, die nur sechs Millionen Bürger der Provinz beschäftigt, lag die Wachstumsrate im gleichen Zeitraum bei knapp zwanzig Prozent.

Peking hält Henan zurück, heißt es unter Intellektuellen in Zhengzhou. Ihr Ärger gilt den Parteiführern der Provinz, die nach Belieben wechselten und erst gar nicht versuchten, eine erkennbare Reformpolitik zu gestalten. »Peking duldet nicht, daß einer von hier stärkster Mann der Provinz wird. Das wäre zu gefährlich«, hört man in Zhengzhou.

Doch muß man fragen, welcher Politiker heute in Henan der Pekinger Regierung gefährlich werden könnte. Die Henaner seien »ehrlich, nicht dumm, aber nicht pfiffig genug«, befand der ehemalige KP-Chef Zhao Ziyang, bevor ihn die Partei schaßte, als er im Frühjahr 1989 den demonstrierenden Studenten auf dem Tiananmenplatz seine Solidarität ausdrückte. Zhao war damals selbst Opfer seiner Herkunft geworden: ehrlich, nicht dumm, aber nicht pfiffig genug. Ein Henaner eben.

Doch Ehrlichkeit gebärt Helden, und ihrer gab es in Henan immer zahlreiche. Wang Wu, der Bürgermeister, Parteisekretär und Fabrikbesitzer aus dem abgelegenen Dorf Ruyang im Hügelland nordwestlich der Stadt Luoyang, zählt heute zu ihnen.

Auf dem Weg in sein Dorf durchquert man den Kreis Gong, in dem die Menschen jahrhundertelang in Sandsteinhöhlen lebten. Noch heute ist manches Felsloch bewohnt, doch die Gegend gilt als relativ wohlhabend, weil auf den kargen Sandbergen zahlreiche Kleinfabriken stehen, die Plüschtiere oder Plastikschüsseln produzieren. Man nennt diese Betriebe »Dorfunternehmen« (Xiangzhen Qiye). Sie sind das Produkt der zweiten Reformwelle unter Deng Xiaoping, die – nach der Privatisierung der Landwirtschaft 1978 – Mitte der achtziger Jahre begann und unter den Parolen »Den Acker verlassen, aber nicht das Dorf« und »Vom Dorf in die Fabrik« stand.

Der Erfolg der Dengschen Reform steht längst außer Frage. Vermutlich gäbe es sonst statt hundert Millionen längst doppelt oder dreifach so viele Wanderarbeiter in China. Auch in Ruyang hätte das Leben ohne die Fabrik keine Fortschritte gemacht. Doch nun hat sich die Lage etwas verbessert.

Der ehrliche Wang, Mitte vierzig, kleidet sich jugendlich mit schwarzer Lederjacke und stellt sich gerne als der reichste Mann im Dorf vor. Stolz zeigt er seine Fabrik, in der bunte

Blumentöpfe für den Export hergestellt werden. Vierhundert Bewohner seines 2000-Einwohner-Dorfes hat er zu diesem Zweck angestellt, darunter dreihundert Frauen, denen er erlaubt, ihre Kleinkinder mit in die Fabrik zu nehmen. »Nicht jeder hat eine Großmutter«, sagt Wang. Im Jahr zuvor beschäftigte er sogar noch hundert Arbeiterinnen mehr, doch die Asienkrise hat in Thailand den Absatzmarkt einbrechen lassen. Nach langer Suche, während der die Fabrik schon mal stillstand, fand Wang mit Hilfe einer Handelsfirma in Zhengzhou neue Kunden in Amerika.

Es ist der 26. März, ein Glückstag im chinesischen Mondkalender. Der Bürgermeister führt zur Dorfhochzeit vorbei an den Festtafeln von jung und alt bis hinein in die Brautkammer, wo ihm eine schüchterne Frau im roten Jackett und roten Hosen für die Bereitstellung seines Autos dankt. Weiter geht es zum Dorffest, das der Einweihung eines neuen Kleider- und Gemüsemarktes gewidmet ist. Wang bekam dafür Regierungsgelder.

Hunderte von Bauern sind gekommen, um den schrillen Darbietungen einer bunten Operntruppe aus der nächsten Kleinstadt zu lauschen. Das Dorfpublikum bietet ein Wiedersehen mit dem vergangen geglaubten China: Noch immer tragen die Bauern von Ruyang den blauen Maoanzug. Ihre dunkel gegerbten ernsten Gesichter – mit einem Ausdruck irgendwo zwischen Mißtrauen und Selbstvertrauen – erzählen von der Macht, die in ihnen steckt, wenn sie sich erst einmal entschließen, gegen die Obrigkeit aufzubegehren. Das weiß auch ihr Parteisekretär.

Zwei Bauernfamilien stellt er vor, eine den Umständen nach wohlhabend, mit Krämerladen und Motorrad, eine arm, mit vier Kindern und leerem Weizentrog. Die eine hofft, ihren Sohn auf die weiterführende Schule schicken zu können, die andere fürchtet, daß ihre beiden ungesetzlichen Töchter und der letztgeborene Sohn verhungern. Das alles darf man in Gegenwart Wangs so deutlich aussprechen. Der gute Parteisekretär hört zu, wenn die Dorfbewohner ihre

Ängste schildern – etwa vor den Staatsbeamten, die von Frauen im fortgeschrittenen Stadium der Schwangerschaft Zwangsabtreibungen verlangen oder gleich die ganze Habe der Familie beschlagnahmen, wenn sie einen Verstoß gegen die Ein-Kind-Politik der Regierung entdecken.

»In jedem Dorf ist es anders. Kein Bauer weiß, was er der Regierung zu zahlen hat«, zürnt der Bauer, der ein Motorrad hat und als Sparkassenwart des Dorfes etwas vom Geld versteht. »Einmal sind es Gebühren für die Löhne der Gemeindeangestellten. Dann werden Pflichtabgaben für den Straßenbau kassiert. Oder es gibt plötzlich eine neue Grundstückssteuer. Das Problem ist, daß es kein Gesetz gibt, welches die Zahlungen der Bauern festlegt und damit der Beamtenwillkür Grenzen setzt.« Wieder sind es harte Worte für harte Zeiten.

## *Hunan*

**Seit Beginn des achtzehnten Jahrhunderts** wurde China alle fünfzig Jahre von Bauernaufständen erschüttert. Die letzte Rebellion 1949 unter Mao war erfolgreich. Jetzt ist wieder ein halbes Jahrhundert vergangen. Eine neue Revolution ist nicht in Sicht, doch seit Beginn der neunziger Jahre nehmen die Bauernproteste in den Provinzen wieder zu. Der bekannteste Zwischenfall ereignete sich Anfang 1999 in der Provinz Hunan.

Hunan ist alles andere als politisches Niemandsland. In der reisgrünen Hügellandschaft der südchinesischen Bauernprovinz, wo heute noch dreiundsechzig Prozent der Bevölkerung in der Landwirtschaft tätig sind, stand in den dreißiger Jahren die »Wiege der Revolution«. Von den ersten Stützpunkten der Roten Armee in Hunan begann der »Lange Marsch«, anfangs nicht mehr als ein Bauernaufstand, der die Kommunisten unter Mao an die Macht führte. Noch heute stellt Hunan mit Zhu Rongji den Regierungschef. Niemand käme darauf, die Bauern der Region für dumm zu verkaufen. Um so ärgerlicher, wenn nicht gar bedrohlich, erscheinen aus Pekinger Sicht die Proteste in der vierundsechzig Millionen Einwohner zählenden Provinz.

Am 8. Januar 1999 starb bei einer Demonstration in der Gemeindestadt Daolin der Bauer Zhang Fangli. An diesem Tag protestierten Bauern aus den Dörfern rund um Daolin gegen die willkürlichen Steuererhebungen der Gemeindeleitung. Die Polizei erwartete sie mit Tränengasgranaten. Ein explodierender Tränengaskanister zerriß das Bein des Bauern, und Zhang Fangli verblutete auf dem Weg ins Krankenhaus. Sein Tod machte weltweit Schlagzeilen, nur in China nicht, wo die Medien Proteste verschweigen, die Mund-zu-Mund-Propaganda aber noch funktioniert.

Daolin befindet sich auf historisch vermintem Gelände. Vor dem graublauen Glaspalast der Gemeindesparkasse, der sich glitzernd über die Dächer des kleinen Marktfleckens erhebt, zeigt der Wegweiser vierzig Kilometer bis Shaoshan, dem Geburtsort Maos. Auf der anderen Straßenseite führt die Landstraße ins zehn Kilometer entfernte Huaminglou, die Heimat von Liu Shaoqi, dem wichtigsten Gegenspieler Maos. In Daolin wissen die Bauern noch heute, auf wessen Seite sie stehen: Auf der von Liu Shaoqi, dem moderaten Staatsvorsitzenden der Volksrepublik von 1959 bis 1966, der die Kulturrevolution verhindern wollte, und gegen Mao, der sie anführte. Damals beschimpfte die Parteipropaganda Liu als »jene einflußreiche Persönlichkeit, die, obwohl sie bei der Partei ist, den kapitalistischen Weg geht«. Heute gehen in Daolin alle den Weg Liu Shaoqis.

Die Gemeinde ist reich geworden. Und nicht nur die Sparkasse. Auf dem Weg ins umliegende Hügelland zum Haus der Witwe Zhangs säumen gepflegte zweistöckige Bauernhäuser die Feldwege. Nicht unter die Ärmsten der Armen führt die Spurensuche nach dem Protest, sondern in eine für chinesische Verhältnisse wohlhabende Landgegend. Bauer Zhang lebte in einem sauber betonierten Haus mit zwei Herdstellen: einem weißgekachelten Holzherd für den Ein-Meter-Durchmesser-Wok und die großen Familienfeste und einem kleinen modernen Gasherd für den Alltagsgebrauch.

Die Witwe des Ermordeten wirkt außerordentlich jung, dabei zählt sie sechsundfünfzig Jahre. Die Glätte und das zarte Rosa ihrer Wangen lassen ihr hartes Tageswerk vergessen und sprechen von guter Gesundheit. Das muß nicht überraschen: Ein Grund für die relativ hohe Lebenserwartung der Chinesen von durchschnittlich einundsiebzig Jahren ist die gesunde Ernährung auf dem Land: wenig Fleisch, viel Gemüse. Jedes Bauernhaus in Daolin hat seinen eigenen Garten, in denen im Winter Kohl und Mangold grünen.

Die Witwe Zhangs ist eine stolze Frau. »Über den Tod meines Mannes beschwere ich mich bei der Regierung, nicht bei der ausländischen Presse«, sagt die Hausherrin gebieterisch. Erst nach allerlei Höflichkeitsbekundungen läßt sie das Gespräch zu.

»Unser Protest war kein Bauernaufstand, sondern eine Kundgebung gegen die Steuermaßnahmen der Gemeinde«, erklärt der jüngere Bruder Zhangs. Er sei kein Gegner der Regierung: Auf diese Feststellung legt der Bauer großen Wert. Es seien vielmehr die Beamten im Gemeindebüro, die die Anweisungen der Regierung nicht befolgen würden, indem sie beliebig Steuergelder erhöben. »Die Zentralregierung sieht vor, daß Bauern nicht mehr als fünf Prozent ihres Vorjahreseinkommens an Steuern bezahlen müssen. Daran hält sich unsere Gemeinde nicht«, klagt Zhangs Bruder.

Ebenso wie in Ruyang in der Provinz Henan kann in Daolin jeder Bauer ein Lied von den betrügerischen Beamten singen. Die eine Familie kostete ihr gesetzlich unerlaubtes zweites Kind umgerechnet sechshundert Mark, die andere nur die Hälfte. Manche Steuern wie die für das Schlachten eines Schweines dürften nach Ansicht der Dorfbewohner gar nicht erhoben werden. Zumal die Schweinesteuer auch bei denjenigen erhoben wird, die gar keine Schweine besitzen. Eine weitere Abgabe muß für die Herstellung »besonderer Produkte« wie Obst und Nüsse gezahlt werden, auch wenn niemand Obst und Nüsse anbaut. Ganz zu schweigen vom Schulgeld und den Zusatzabgaben für Straßenbau und Elektrizität. Insgesamt fünfzehn verschiedene Steuern haben die Bauern gezählt.

Gegen die Willkür der Steuerbeamten formierte sich schon seit Jahren Protest. Unter dem Namen »Freiwillige für die Bekanntmachung von Gesetzen und Vorschriften« gründeten Mitglieder der Gemeinde eine lose Gruppe, die immer wieder Kritik an der Abgabenpolitik übte. Man schrieb Briefe an übergeordnete Regierungsbehörden und reichte Beschwerde bei der Provinzregierung ein. Als alles nichts half, organisierte die Gruppe ihre zweite und größte Protestkundgebung: Zehntausend Bauern versammelten sich nach Angaben von Teilnehmern vor dem Rathaus in Daolin. Stimmt die Zahl, dann war es eine der größten Bauerndemonstrationen, die China in den neunziger Jahren erlebte. »Mein Mann sagte an diesem Tag, er ginge zum Einkaufen in die Stadt«, erzählt die Witwe. Vielleicht wollte der Bauer seine Frau nur beruhigen. Zhang Fangli war im Dorf nicht als Drückeberger bekannt.

Doch selbst die härtesten Kritiker der Gemeindepolitik waren überrascht vom massiven Vorgehen der Polizei. Die Daoliner Beamten hatten Verstärkung aus der Provinzhauptstadt Changsha angefordert. Plötzlich sahen sich die Bauern mit den modernen Techniken der chinesischen Protestbekämpfung konfrontiert: Entweder ungeübt oder böswillig warfen die Polizisten ihre Tränengasbomben direkt in die Menge.

Zurück blieb Ratlosigkeit. Die Dorfbewohner können es nicht fassen, daß den nach ihrer Auslegung legitimen und gesetzestreuen Forderungen mit offener Gewalt begegnet wurde. Ähnlich erschreckt reagierten auch die höheren Parteibehörden: Auf Anordnung aus der Provinzhauptstadt Changsha erhielt die Witwe Zhangs binnen weniger Tage ein Schmerzensgeld von zwölftausend Mark. Das entsprach dem Dreißigfachen seines Jahresgehalts und glich einem offenen Schuldgeständnis, wenngleich nach außen hin weiter nach den Rädelsführern gefahndet wurde.

Offensichtlich hatten ein paar einflußreiche Provinzkader Angst bekommen, daß sie in Peking auffallen könnten. Dort läßt die Parteiführung keine Woche vergehen, in der sie nicht auf die Korruption in den unteren Rängen schimpft. Daolin ist kein Einzelfall. Seit Mitte der neunziger Jahre erörtert das Zentralkomitee Pläne, mit dem Ziel, die kleinen, korrupten Parteifürsten auf dem Land loszuwerden. Doch die Parteiführung steckt in der Klemme: Wenn sie offen gegen die Übeltäter vorgeht, könnte sich die Landbevölkerung in ihrem Unmut bestätigt fühlen und der Protest sich verselbständigen. Ändert sie jedoch nichts, droht die Situation auf den Dörfern eines Tages zu eskalieren.

Der seit März 1998 amtierende Premierminister Zhu Rongji spricht schon seit langem von legitimer Kritik an der Regierung. »Die Beschwerden des Volkes, die Staat und Partei erreichen, müssen richtig beantwortet werden und sind entscheidend für die Entwicklung der Demokratie. Sie helfen der Regierung, bürokratische Fehler, Gesetzesüberschreitungen und Korruption aufzudecken«, sagte Zhu nach den Ereignissen in Daolin. In seiner Regierungserklärung vom März 1999 ging er direkt auf die Vorwürfe vieler Bauern ein: »Das Phänomen der gesetzwidrigen Gebührenerhebung und der beliebigen Verhängung von Geldstrafen besteht trotz wiederholter Verbote. In einigen Gebieten können Bauern und Unternehmen die schweren Belastungen nicht mehr ertragen«, räumte Zhu ein. Gleichzeitig warnte er die Parteikader der Provinzen ausdrücklich, in der schwierigen Lage »keine diktatorischen Mittel gegen die Volksmassen anzuwenden«. Für solch klare Worte genießt der Regierungschef bei den Bauern Respekt.

Die Solidarisierung zwischen Bevölkerung und oberster Führung ist in China nicht neu. Sie entspringt dem konfuzianischen Ideal des guten Kaisers, der im Volk Ansehen genießt und sich um das Wohl der Allgemeinheit bemüht. Auch über korrupte Beamte wird in China seit Menschengedenken geklagt. Gleichwohl gibt es für den verblüffenden Gleichklang der Kritik von Bauern und Parteiführung an den Privilegien der Funktionärsschichten auch einen aktuellen Anlaß: Unter Zhu drängt Peking auf die striktere Einhaltung marktwirtschaftlicher Spielregeln. Viele Staatsbetriebe mußten bereits schließen, etliche Sparkassen und Banken sind vom Konkurs bedroht. Das alles rüttelt an den Machtverhältnissen in der Provinz. Den Bauern aber kann es nur recht sein. Sofern sie nicht auf die garantierten Getreidepreise der Regierung angewiesen sind, bieten sie ihre Ware auf dem freien Markt an. Je freier dabei der Markt und je geringer die Abgaben, desto besser geht es der Landbevölkerung, die von Investitionsmaßnahmen, die langfristig ihren Lebensstandard erhöhen könnten, bisher kaum profitiert.

So träumen die Menschen in Daolin davon, die Regierung auf ihrer Seite zu haben. »Zhu ist besser als Mao. Er ist nicht korrupt«, ehren die Bauern ihren Regierungschef, der wie der große Vorsitzende aus Hunan stammt. Schon vergleichen sie ihn mit dem verehrten Liu Shaoqi. Doch der Ärger vor Ort wird dadurch kaum gemildert. Fünf Monate nach den Ereignissen im Januar nahmen die lokalen Behörden zwei Bauernführer gefangen und beschuldigten sie des »Angriffs auf die Regierung«. Ob das nun mit oder ohne Unterstützung der Zentralregierung geschah – Peking ist über tausend Kilometer entfernt. Im Dorf spendet da allein der Gang auf den Friedhofsberg ein wenig Trost.

Vorbei an einer runden Steinhütte, aus der ein graubärtiger Wasserbüffel lugt, führt der Pfad durch eine Mandarinenplantage hinauf zur Anhöhe, auf der Zhang Fangli begraben liegt. Einen vier mal vier Meter großen Grabstein, der einem Denkmal gleicht, hat die Familie ihrem Oberhaupt gesetzt, dazu ein Totenfest abgehalten, bei dem dreihundert Gäste geladen waren und hundert Polizisten Wache hielten. Am Grab warten Sohn und Schwiegertochter des Verstorbenen: Er frisch frisiert in Jeans und Nike-Turnschuhen, sie verpackt in leuchtende Goretex-Farben. Die beiden würden nicht einmal in einem Tokioter Kaufhaus auffallen. Traurig, aber nicht deprimiert berichtet das Paar von den zurückliegenden Ereignissen. Daß solche Landleute sich von korrupten Beamten nicht mehr alles bieten lassen, scheint für die Zukunft gesichert. Auch wenn noch viele Jahre vergehen werden, bis Fangli Junior vom Wasserbüffel auf den Traktor umsteigt.

*Shaanxi*

**Langsam, aber sicher** verändert sich das Bewußtsein der Bauern, die einst die Revolution unter Mao ermöglichten. Inzwischen verfolgen sie im Fernsehen die wichtigsten politischen Ereignisse. Fast jeder hat den amerikanischen Präsidenten gesehen, der während seines China-Besuches im Sommer 1998 zwei Live-Auftritte auf dem Bildschirm hatte. Kritische Sendungen sind die Ausnahme, aber es gibt sie, so wie die Sendung China-Focus, die über Bürgerbeschwerden berichtet.

Die jungen Bauern sehen die Welt mit anderen Augen als ihre Väter. Über Raubdruck-Kassetten und -Videos gelangt Hollywood-Kultur zu ihnen. Viele Bauernfamilien haben Verwandte in den Städten, die ihnen mindestens einmal im Jahr, bei ihrer Rückkehr aufs Land zum Neujahrsfest, aus einer anderen, fortschrittsorientierten Welt berichten. Das alles entspricht einer ökonomischen Realität, die viele Dörfer über kleine Exportfabriken an das Weltgeschehen ankoppelt. Die Öffnung Chinas, bisher ein Schlagwort für den Boom der reichen Küstenprovinzen, macht sich allmählich in jeder Bauernhütte bemerkbar.

Westlich von Henan säumt die Provinz Shaanxi den Mittellauf des Gelben Flußes. Auch hier sind noch sechzig Prozent der fünfunddreißig Millionen Einwohner in der Landwirtschaft beschäftigt, die meisten von ihnen in der seit Jahrtausenden bewirtschafteten Lößebene unter dem heiligen Berg Huashan. Die alte Musterkommune Leibei liegt etwa auf halbem Weg zwischen der historischen Kaiserstadt Xi'an und den Ufern des Gelben Flusses. Früher baute man auf den Feldern um Leibei Weizen und Baumwolle an. Heute säumen sorgfältig gepflegte Apfelbaumplantagen die geteerte Landstraße. Doch die beschauliche Ordnung täuscht. Im Dorf herrscht Aufruhr.

»Unser Bürgermeister ist unfähig«, empören sich die Bauern. »Wir wollen wissen, wieviel Geld unser Dorf noch hat.« Seit achtundzwanzig Jahren regiert in Leibei der gleiche Mann als Parteisekretär und Bürgermeister. Zhang Yao war in der Kulturrevolution ein Held. »Von Leibei lernen« hieß damals die Parole, die alle Bauern der Provinz beseelen sollte. Als später die Reformperiode unter Deng Xiaoping begann, lenkte der erfolgreiche Bürgermeister rechtzeitig um: Er ließ in Leibei eine Garn- und eine Speiseölfabrik errichten. Erst in den neunziger Jahren entglitt ihm die Entwicklung. Plötzlich tauchte in den Städten privatwirtschaftliche Konkurrenz auf, Zhang verpaßte den Anschluß an neue Exportprodukte, und seine Dorffabriken mußten schließen. Die Bauern verloren damit ihre Nebenverdienste und fielen in bittere Armut zurück. Kein Einzelfall: Von der »Wiederverarmung der Bauern« ist auch in der Regierungserklärung Zhu Rongjis vom März 1999 die Rede. In Leibei wollten sich die Leute nicht damit abfinden.

Wie aufgeregte Schuljungen berichten die Dorfbewohner davon, wie sie zuerst den üblichen Weg nahmen und Protestnoten gegen Zhang an übergeordnete Parteistellen sandten. Als das nichts half, schrieben sie offene Briefe und verteilten diese auf der Straße. Die Polizei nahm daraufhin wahllos ein Dutzend Bauern fest. Da besannen sich die Dorfbewohner auf das jüngste Pekinger Reformprodukt: den Rechtsstaat. Sie nahmen sich in Xian einen Anwalt. Der beharrte auf Einhaltung neuer Gesetze und bekam die Verhafteten frei.

Mit wachsender Selbstsicherheit gingen die Dorfbewohner am 11. Januar 1999 noch einen Schritt weiter: In einer selbstorganisierten Abstimmung wählten sie sich einen neuen Bürgermeister, der seither mit der Kreisleitung Kompromißgespräche führt. Von 1200 Stimmberechtigten im Dorf nahmen 850 an der Wahl teil. Am nächsten Tag schickte die Polizei einen Lautsprecherwagen, der die Wahl als Werk von Verbrechern denunzierte. Doch auch dieser Einschüchterungsversuch schlug fehl. Seither pochen die Bauern auf das Pekinger Versprechen, überall im Land Dorfwahlen abzuhalten.

Die Zusage stammt noch von Deng Xiaoping. Der Kleine Steuermann hatte 1987 gleichzeitig betont, daß noch fünfzig Jahre vergehen würden, bevor China auf nationaler Ebene Wahlen organisieren werde. An diese Voraussage scheinen sich seine Nachfolger zu halten. Wie Deng haben sie sich in allgemeinen Formulierungen zu demokratischen Zielen bekannt. Parteichef Jiang sprach während seiner Amerika-Reise im Herbst 1997 von der nötigen »Ausweitung der Demokratie« und prägte die Formel: »Ohne Demokratie gibt es keine Modernisierung.« Premierminister Zhu sprach sich wenig später auf einer live im ganzen Land übertragenen Pressekonferenz »grundsätzlich für demokratische Wahlen« aus. Das sind wichtige Signale, die der Bevölkerung nicht entgehen. Doch den Worten folgen die Taten nur dort, wo die Einparteienherrschaft nicht in Frage steht. Die Dorfwahlen erscheinen der Parteiführung als praktikabler Kompromiß: »Die Regierung sieht in den Wahlen auf lokaler Ebene eher eine Hilfe als eine Bedrohung«, analysiert der amerikanische Sinologe Jean C. Oi von der Stanford-Universität. »Wenn die Wahlen nicht funktionieren, wird der Frust über die Korruption und die Ungerechtigkeit bei der Verteilung des neuen Reichtums gefährliche Ausmaße annehmen.«

Trotzdem vergingen nach Dengs Entscheidung elf Jahre bis der Pekinger Volkskongreß am 4. November 1998 das »Gesetz der Dorfkomitees der Volksrepublik China« verkündete. An weitere Demokratisierungsschritte wird vorerst nicht gedacht. Nach Regierungsangaben sollen zur Jahrtausendwende achtzig Prozent der 930 000 chinesischen Dörfer ihren Bürgermeister frei gewählt haben. Parteizeitungen loben die »blühenden Dorfwahlen«. Die relativ liberale »Pekinger Jugendzeitung« kommentierte am 1. Mai 1998: »Während sich die Städter um Arbeitslosigkeit sorgen, beginnen die Landleute mit der direkten Wahl ihrer Chefs. Man beobachtet mit Staunen, daß die Bauern wieder einmal ihren Arbeiterbrüdern voraus sind. Und es bestätigt sich damit, daß das Bildungsniveau der Menschen in keinem direkten Verhältnis zur Denkweise und Weltanschauung steht.«

Ähnlich begeistert zeigte sich Bill Clinton, als er im Juni 1998 nach Shaanxi kam. Einen Vormittag weilte der amerikanische Präsident in dem Dorf Xiahe nahe der Ausgrabungsstätte der weltberühmten Terracotta-Armee. Der Ort besitzt Vorzeigecharakter, weil seine Bewohner mit dem Verkauf von handgefertigten Souvenirs an Touristen zu relativem Wohlstand gekommen sind. Ansonsten ist Xiahe ein ganz normales Dorf.

Xiahe ist nicht weit entfernt von Dongxiachi, wo im Herbst 1998 Bürgermeisterwahlen stattfanden. Im Regelfall gleichen die Wahlen heute einem öffentlichen Ritual, das im Einverständnis zwischen Partei und Bevölkerung stattfindet. Das ist besser als gar nichts, aber nicht gleichzusetzen mit einem Akt politischer Emanzipation.

Dorfwahlen werden in jeweils ausgewählten Provinzen über einen längeren Zeitraum hinweg abgehalten. So wird verhindert, daß Abstimmungsergebnisse womöglich am Wahltag landesweit für Aufregung sorgen. Außerdem wird nur ein Dorfkomitee gewählt, dessen Vorsitzender zwar Bürgermeister ist, aber dem für das Dorf zuständigen Parteisekretär unterstellt ist. Oft gibt es eine Personalunion zwischen beiden Ämtern wie bei dem tüchtigen Wu Wang in Henan und dem greisen Zhang Yao in Leibei. Nicht so in Dongxiachi. Hier ist der Sekretär Angestellter der Partei, die das Land regiert, der Bürgermeister dagegen nur Vertreter einer bäuerlichen Massenorganisation. Nicht einmal ein Regierungsgehalt bezieht er, seine Tätigkeit verrichtet er in aller Regel freiwillig.

Trotzdem macht es Spaß, einer chinesischen Dorfwahl zuzuschauen. Es sieht zumindest aus wie Demokratie, selbst dann, wenn den Reportern keine Musterwahl vorgeführt wird, sondern sie einfach in die Veranstaltung hineinplatzen. Zur Feier des Tages trägt Parteisekretär Zhao Yanwu ein frischgebügeltes Hemd und Pomade im Haar. Nervös raucht er eine Zigarette nach der anderen, während er ab acht Uhr morgens am Schuleingang jeden Wähler mit Handschlag begrüßt.

Dongxiachi war vor zehn Jahren noch ein Dorf wie jedes andere in Shaanxi. Doch der Wirtschaftsboom der neunziger Jahre und die Nähe der Großstadt Xi'an haben den Flecken zur Stadt gemacht. Zwar hat Dongxiachi weiterhin nur 2600 offiziell gezählte Einwohner. Doch auf dem Gemeindeland wohnen heute dreißigtausend Menschen. Die Bauern haben ihr Ackerland in Bauland verwandelt. Vom Balkon im ersten Stock seines neuen Schulgebäudes überschaut der Direktor eine moderne Sportanlage, hinter der sich weiß gestrichene Apartmentblocks mit blauen Fenstern in den Dorfhimmel türmen. Trotzdem hat der alte Lehrer darauf bestanden, daß über dem Schulhof die Porträts von Marx, Engels, Lenin, Sun Yatsen und Mao prangen – wie früher auf dem Tiananmen in Peking.

Allmählich bevölkert sich an diesem Morgen der Sportplatz der Schule. Nur die eingetragenen Dorfbewohner haben an diesem Sonntagmorgen Stimmrecht. Es kommen junge Männer in Jeans und Lederstiefeln, Omas, die ihren Stubenhocker und Strickzeug mitbringen, Opas mit Kleinkindern im Schlepptau und ausgehfertige Frauen auf Stöckelschuhen. Sie stellen sich in dreizehn Reihen vor ebensovielen roten Urnen auf. Eine Weile herrscht großes Durcheinander, weil sich jeder etwas zu sagen hat und überall Kinder schreien. Über Lautsprecher tönt weicher Canto-Pop und zum Volksfest fehlt nur das Bier.

Endlich wird das Schultor geschlossen und der Parteisekretär ergreift das Mikrophon: »Es ist unsere Verantwortung und unserer Wille, Wohl für das Dorf zu schaffen, und daher benötigen wir ein gerechtes Dorfkomitee«, belehrt Zhao seine Untertanen. Neben ihm hockt der Dorfbürgermeister: Ein dicker Mann, mit halbgeschlossenen Augen, der alle Blicke sorgfältig vermeidet.

»Die Leute vom Dorfkomitee sind Clowns. Sie haben eigentlich gar keine Funktion«, kichert ein Geschäftsmann im Jogging-Outfit. Zur Wahl geht er trotzdem. Das sei gut für das gegenseitige Vertrauen im Dorf.

Zum dritten Mal finden in Dongxiachi Komiteewahlen statt. Früher war alles formloser: Der Parteisekretär nominierte die Kandidaten und ging anschließend mit einer Urne von Haus zu Haus. Jetzt findet die Wahl erstmals als Dorfspektakel in aller Öffentlichkeit statt – Peking hat das vorgeschrieben. Auch wurde den Wahlberechtigten diesmal Zeit gegeben, eigene Kandidaten zu nominieren, ein Recht, von dem jedoch niemand Gebrauch machte. Seit sechs Jahren setzt sich das Dorfkomitee aus den gleichen Leuten zusammen, alle sind Parteimitglieder und von Beruf Gemeindekader. Daran wird sich auch diesmal nichts ändern.

»Die Wahl hat mit uns nichts zu tun«, sagt ein Bauer vor Urne Nummer Zwölf. »Die Kandidaten bleiben Kader, egal ob wir sie wählen oder nicht.«

Nun wird gezählt, ob alle da sind. Von 2036 Wahlberechtigten sind tatsächlich 1994 erschienen. Der Rest wird entschuldigt. Dann stellen sich die hübschen Wahlhelferinnen in blauen Hemden vor. Eine von ihnen erklärt die Abstimmungsmodalitäten: »Ein Kreuz bedeutet Zustimmung, ein Kreis Ablehnung.« Derweil werden die Urnen geöffnet, damit alle sehen, daß sie leer sind. »Bitte keine Hektik, alle haben genügend Zeit bei der Wahl«, empfiehlt Wahlleiter Zhao, als endlich die roten (für den Bürgermeister), gelben (für den Stellvertreter) und grünen Stimmzettel (für die einfachen Komiteemitglieder) verteilt werden. Trotzdem geht alles sehr schnell. Die Leute machen ihre Kreuze und verschwinden.

Der Sportplatz ist längst leer, als das Wahlergebnis zwei Stunden später nach sorgfältiger Stimmzählung bekanntgegeben wird.

## *Hubei*

**So voraussehbar** wie die Ergebnisse der Dorfwahlen sind die meisten Bauernschicksale in China heute nicht mehr. Bisher lag das Leben von neunhundert Millionen in den Händen guter Kaiser wie Deng oder schlechter wie Mao. Inzwischen entscheiden viele Bauern selbst, ob sie in die Fabrik gehen oder auf dem Feld bleiben, ob sie mit Fernseher und Kühlschrank zufrieden sind oder gegen den Starrsinn kleiner Parteifürsten protestieren. Über ein Drittel aller chinesischen Bauern hatte Mitte der neunziger Jahre schon einmal das Feld verlassen, um einer bezahlten Arbeit nachzugehen.

»Daß sich die Menschen in den Dörfern trauen, sich über korrupte Kader zu beschweren, ist eine Entwicklung der neunziger Jahre und vielleicht der erste Vorbote für das Heranreifen einer Zivilgesellschaft auf dem Land.« So der französische Sinologe Lucien Bianco. Begreift man Bewegung im Sinne von Beweglichkeit, läßt sich mit Mao hinzufügen: »Der gegenwärtige Aufschwung der Bauernbewegung ist ein gewaltiges Ereignis.«

Das ist die Gegenthese zu der Auffassung des australischen Sinologen Jenner, der Chinas ländlicher Mehrheit bis heute keine eigenständige historische Rolle zutraut, es sei denn, ein Führer wie Mao würde sich erneut der Massen bemächtigen.

Man hat die Bescheidenheit vieler chinesischer Bauern oft als falsch, feige und feudal abgetan. Bis heute prägt Lu Xun (1881–1936), Chinas erster moderner Dichter von Weltrang, mit seiner Kurzgeschichte »Die wahre Geschichte des Herrn Jedermann« das Bild des unterwürfigen Chinesen. Nach der üblichen Interpretation von Lu Xun war der chinesische Herr Jedermann immer froh, wenn ihn sein Leibherr prügelte. Er bedankte sich sogar dafür, kurz: er war ein gebrochener, sklavischer Zeitgenosse, der, wenn er rebellierte, nur unberechenbar und böse sein konnte.

Hier liegt, so kann man mit Lucien Bianco hoffen, der große Unterschied zu den Bauernprotesten von heute. Die Leute wissen, was sie tun und wie weit sie gehen können, ohne Gewalt zu provozieren. Sie möchten bei allem Ärger mit den Behörden keine zweite Revolution provozieren, denn sie haben weder die großen Hungersnöte unter Mao noch die Kulturrevolution vergessen. Wo immer man mit Bauern in China heute spricht – sie machen es sich nicht leicht mit ihrem Urteil über die Politik, ganz gleich wie schwer es ihnen im Leben ergeht.

Mit aufgeklärter Distanz zur Politik sprechen auch die Meistgeprüften der vergangenen Jahre: die von der Jahrhundertflut im Sommer 1998 unmittelbar betroffenen Bauern in der Provinz Hubei. Die Provinz ist berühmt, weil in ihrem westlichen Teil die malerischen Schluchten des Yangtse liegen, in denen bis zum Jahr 2010 der vielkritisierte Drei-Schluchten-Damm entstehen soll. Aus dem Berggebiet entlang des Yangtse stammen einige der wildesten Räubergeschichten Chinas. Hier hatte es der Nationalisten-Führer Chiang Kaishek noch in den vierziger Jahren mit zahlreichen Banditen zu tun, die ihm den Krieg gegen die Kommunisten erschwerten.

Das ausgeprägteste Merkmal Hubeis aber sind seine Flüsse. Die Provinz wird von über tausend Wasserläufen mit einer Gesamtlänge von 35 000 Kilometern durchzogen. Alles Wasser fließt in den Yangtse, der sich durch Hubei auf so verschlungenen Wegen windet, daß er die dreifache Länge der von Westen nach Osten zurückgelegten Strecke erreicht.

Die Flüsse sind die Freunde der Menschen. Sie liefern das Wasser für eines der ältesten Reisanbaugebiete Chinas, und zwar so viel davon, daß die Bauern im Jahr bis zu drei Ernten einfahren. Hellgrün, reisgrün schimmert im Frühjahr die große Jianghan-Ebene des Yangtse, durchbrochen nur vom Grauschimmer unzähliger Wasserflächen, die Hubei den Beinamen »Provinz der tausend Seen« einbrachten. Hier in der Ebene lebt auch die große Mehrzahl der achtundfünfzig Millionen Bewohner, von der etwa die Hälfte in der Landwirtschaft tätig ist.

Es ist der erste Schultag für die Mädchen, die in Paizhou, einer Gemeinde südwestlich der Provinzhauptstadt Wuhan, über die matschige Dorfstraße laufen. Schnurstracks steuern sie auf drei weißgraue Leinenzelte zu, in denen der Unterricht stattfindet. Drinnen warten sechsunddreißig kleine Tische und Stühle. »Unsere Schule ist mit unseren Schulbüchern im Hochwasser untergegangen«, sagt ein Mädchen. »Aber wir haben die Bücher und alle anderen Schulsachen als Spende zurückbekommen«, erklärt ihre Klassenkameradin.

Für einmal hatte sich der Yangtse als Feind erwiesen. Als die große Flut im Sommer 1998 Paizhou heimsuchte, riß sie Menschen und Häuser mit sich fort und zerstörte auch das Schulgebäude. Doch die Bauern blieben hinterher nicht untätig. Sechs Monate später steht bereits der Rohbau der neuen Schule, ein dreistöckiges Gebäude, das den Kindern bei der nächsten Flut mehr Schutz geben soll als das alte. Denn nach dem Yangtse-Dammbruch wurden die in der Provinz üblichen einstöckigen Häuser vom Hochwasser überspült. Die Bewohner mußten auf Bäume und Dächer flüchten. Viele Dutzend Menschen ertranken. Ein kleines Mädchen aus Paizhou, die sechsjährige Jiang Shan, wurde in ganz China berühmt, weil sie neun Stunden in einer Pappelkrone aushielt.

Die Jahrhundertflut machte vierzehn Millionen Menschen in China obdachlos. Über 200 Millionen Menschen – ein Sechstel der Bevölkerung – hatten unter den Folgen des Hochwassers zu leiden, sie verloren ihre Felder, ihren Besitz, trauern um Verwandte. Offiziell wurden 3000 Tote gezählt, vermutlich waren es sehr viel mehr.

Die Bäuerin Zhang Xiuzhen kocht Reis unter einer Plastikplane auf einem kleinen Holzfeuer. »Ich hatte drei Töchter und mehrere Enkeltöchter«, sagt die Achtundsechzigjährige. »Als der Damm brach, verschwanden zwei meiner Töchter und eine Enkeltochter im Wasser und kamen nie wieder. Nicht einmal ihre Leichen wurden gefunden.«

Zhongbao, wo die alte Frau zu Hause war, ist das von der Flutkatastrophe am schwersten getroffene Dorf der Gemeinde Paizhou. Zweiundzwanzig Bewohner des Achthundert-Seelen-Dorfs und siebzehn Soldaten, die dort die Dämme flickten, verloren am Tag des Dammbruchs ihr Leben.

Umso erstaunlicher ist das ausgewogene Urteil der Dorfbewohner über die zurückliegenden Ereignisse. Nur wenige von ihnen sind wie die untröstliche Zhang am Schicksal zerbrochen. Voller Anerkennung sprechen sie vom Rettungseinsatz der Volksarmee und den Hilfsmaßnahmen nach der Flut. »Ich habe die Überschwemmung von 1954 erlebt«, erinnert sich eine Bäuerin an die bislang folgenreichste Yangtse-Flut, bei der 30 000 Menschen starben. »Damals war alles viel schlimmer. Viele Leute sind nach der Flut verhungert, weil es nichts mehr zu essen gab. Uns geht es besser. Die Soldaten haben uns am Tag nach dem Dammbruch mit Booten gerettet. Bis heute bekommen wir pro Tag ein Pfund Reis von der Regierung gespendet. Ohne diese Hilfe wären wir schon verhungert.«

Die Flutopfer erhalten neben der täglichen Reisration Kleidung und Decken, um den feuchtkalten Winter am Yangtse zu überstehen. Mehr sind die Bauern nicht gewöhnt, denn Heizungen gibt es in Südchina nur in reichen Stadtwohnungen. Familien, die durch die Flut ein Mitglied verloren, bekamen vom Staat umgerechnet 2000 Mark Sterbegeld, eine Summe, die dem dreifachen Jahresgehalt eines Bauern in der Region entspricht. In Zhongbao teilte die Dorfleitung darüberhinaus pro Haushalt 16 000 Ziegelsteine aus. 50 000 werden zum Bau eines Hauses benötigt.

Von Dorf zu Dorf unterscheiden sich die Maßnahmen für den Wiederaufbau. In der Gemeinde Gongan, eine halbe Tagesreise stromaufwärts von Paizhou, haben die Bewohner des Dorfes Jingang eine neue Siedlung angelegt, nachdem das alte Dorf völlig zerstört wurde. Trotz Spenden sind die Betroffenen deshalb hoch verschuldet. Der junge Bauer Wang Fugui denkt daran, in die Großstadt zu gehen, um das Geld zu verdienen, das sein Feld nicht einbringen kann. Aber er will Frau und Sohn nicht verlassen. »Das Leben als Bauer ist überhaupt schwer. Man verdient so wenig Geld. Im Hochwasser haben wir alles verloren. Das Leben ist noch härter geworden«, sagt Wang.

Wie mancher Bewohner der Yangtse-Ebene klagt auch Wang schon wieder über die Korruption unter den ländlichen Parteikadern: »Die Kader in der Gemeinde stecken sich die größten Spenden in die eigene Tasche. Sie tragen die wärmsten Jacken. Sie essen viel mehr Reis als wir und lassen sich nur blicken, wo sie Geld kassieren können.«

Auch in Hubei gilt die Pekinger Führung als sauber und anständig, während den örtlichen Parteikadern der Ruf von Verbrechen und Korruption anhaftet. Die Flut scheint mit ihren Folgen diesen Eindruck zu bestätigen: Solange Volksarmee und Zentralregierung die Hilfsmaßnahmen leiteten, klagte niemand über Ungerechtigkeit. Erst als die Dorfkader wieder die Macht übernahmen, häuften sich die Berichte über Korruption und Diebstähle.

Die politische Reaktion auf die Überschwemmungskatastrophe entwickelte sich daher zum unvorhergesehenen Testfall für die Glaubwürdigkeit der Parteiführung. Zum erstenmal ließ Peking eine relativ freizügige öffentliche Diskussion über die ökologischen Ursachen einer Naturkatastrophe zu. Seither weiß sogar die Landbevölkerung von Hubei, daß die rücksichtslose Landgewinnung in ihrer Provinz und die Waldrodungen am oberen Lauf des Yangtse für die Flut mitverantwortlich waren.

Nur nützt die Bauernschlauheit wenig. Die neue Siedlung in der Gemeinde Gongan beispielsweise entsteht auf frisch trockengelegtem Gebiet – die Menschen brauchen rasch wieder neue Häuser. »Natürlich ist es nicht gut, Wälder abzuholzen«, sagt ein Feldarbeiter in Gongan, »aber wir wissen nicht einmal, was wir morgen essen sollen. Hochwasser zu verhindern, ist Aufgabe der Politiker.«

Diese Aufgabe zu lösen, ist selbst für so mächtige Männer wie Jiang Zemin und Zhu Rongji nicht leicht. Zhu war der erste, der nach der Flut neue Töne anschlug: »Laßt uns Holzfäller zu Baumpflanzern machen«, verkündete der KP-Stratege. Für die Rettung der Wälder waren ihm plötzlich sogar Abstriche beim Wirtschaftswachstum recht. Doch alles blieb Theorie. Von einem Rodungsstopp, wie ihn der Premierminister in Übereinstimmung mit schon bestehenden Gesetzen in Aussicht stellte, wird zwar in den Medien viel geredet, doch die Umsetzung ist schwierig. Dem wirtschaftlichen Aufschwung gebührt längst wieder der Vorrang. Nichts anderes verlangen die Bauern am Yangtse.

Die Neubausiedlung Liujiati am Yangtse gleicht einer riesigen Baustelle. Die Menschen hausen in halbfertigen Häusern, oft ohne Dächer, Türen und Fenster. Der vierzigjährige Bauer Li Youcai hat ein großes Tuch aufgespannt, damit wenigstens sein Bett trocken bleibt. Im Nebenraum schläft ein dickes Schwein, das Li genau wie seine Hühner aus den Fluten gerettet hat.

Das Dorf Liujiati hatte Glück, weil seine Böden nicht mit Flußsand überschwemmt wurden. Die Wasser- und Stromversorgung funktioniert allerdings nicht – »jeder muß sich zuerst um sich und seine Familie kümmern«, meint Li. Gleichwohl hat sich in Liujiati das ringsherum immer seltener anzutreffende Zusammengehörigkeitsgefühl der Dorfbewohner behauptet. Man kocht gemeinsam in einer Feldküche, die Familien waschen abwechselnd das Geschirr.

An die Zukunft wollte Li zuerst gar keinen Gedanken verschwenden, so düster erschienen ihm die Aussichten. Doch dann tauchte plötzlich seine ältere Schwester aus der Großstadt in Liujiati auf, um nach ihrem Bruder zu schauen. Der war angenehm überrascht von der Tatsache, daß da anscheinend doch noch jemand war, der sich um sein Schicksal Gedanken machte.

Lis Erfahrungen mit der Flut zeigen, wie eng Elend und Glück, Einsamkeit und Gemeinschaftsgefühl, soziales Unrecht und staatliche Fürsorgebereitschaft im heutigen China zusammenliegen. In der Vergangenheit, da hatten die Kommunisten recht, standen die Bauern immer auf der Seite der Verlierer. In Zukunft muß das nicht mehr so sein.

Statt den Gelben Fluß zu verfluchen, der ihr im Sommer die Ernte wegreißt, nimmt die Bäuerin Zhang San in Henan lieber ein Bad in seinen Fluten. Statt von einem Bauernaufstand zu schwärmen, kritisiert der Bruder des ermordeten Zhang Fangli in Hubei lieber Punkt für Punkt die Steuerpolitik der Gemeinde. Statt den kommunistischen Parteisekretär mit Gewalt aus dem Dorf zu vertreiben, halten die Einwohner von Leibei in Shaanxi lieber demokratische Wahlen ab. Und obwohl sie das Leben und die Partei verfluchen, machen sich die Bauern am Yangtse mit Hilfe der Regierung an den Wiederaufbau. So sprechen viele Dinge, die man in der Mitte Chinas zu sehen bekommt, für die Vernunft der großen Mehrheit der Bevölkerung.

# Liaoning

*Arbeiterbewegung mit Standortnachteilen*

**Schön waren die Zeiten,** in denen der Himmel über Fushun schwarz war. Als die Kohle, die man im größten Tagebaugebiet der Welt förderte, lichterloh in den Hochöfen des ganzen Landes brannte, und die Arbeiter stolz auf ihre Leistung blickten: Rekordproduktion, Planübererfüllung. Helden der Arbeit waren die Kumpels aus der Provinz Liaoning. Heute sind die Minen der Region bis auf wenige erschöpft, die Landschaft ist verwüstet und die Bürger von Fushun leben in nackter Not.

Ein paar Dutzend ehemalige Grubenarbeiter wachen vor dem Einfahrtstor des Xilutian-Bergwerks am Rande der Stadt. Ohne erkennbaren Grund hocken sie da, die Häupter in dreckige Tücher gewickelt, und lassen den Verkehr vorbeiziehen – bis ein klappriger Kohlelaster das Bergwerk verlassen will. Da springen die Gestalten auf und drängen sich an die Ladefläche des Fahrzeugs, um ein paar Stücke seiner schwarzen Ladung zu ergattern. Schon fallen größere Brocken zu Boden, flinke Hände versuchen sie einzusammeln.

Manche LKW-Fahrer geben Gas, wenn die Menge den Wagen umringt. Dann hagelt es Steine auf die gierigen Gesichter. Die Szenen wiederholen sich an jeder Gleisüberfahrt und an jedem Schlagloch, durch das die Kohlewagen rumpeln. Überall, wo das Brenngut auf die Straße fällt, hechten die Menschen den Krumen hinterher und setzen sich in dichtem Verkehr der Gefahr aus, für ein bißchen Kohle unter die Räder zu kommen.

In Liaoning geht es vielen schlecht. Einst war die Provinz mit ihren vierzig Millionen Einwohnern das industrielle Herzstück des Landes, eine Art Ruhrgebiet der Volksrepublik. Doch heute zählt die südlichste der drei Provinzen, aus denen der Nordosten Chinas besteht, zu den Schlußlichtern der wirtschaftlichen Entwicklung. Eingekeilt zwischen den Niemandsländern Sibirien, Mongolei und Nordkorea, ausgerüstet mit den Auslaufbranchen Bergbau, Stahl- und Textilverarbeitung, ist Liaoning zum Hinterland verkommen.

Allein in der 1,3-Millionen-Einwohner-Stadt Fushun sind siebzig Prozent der ehemals Beschäftigen arbeitslos und auf die Unterstützung des Staates angewiesen. Die Pekinger Reformer mit Premierminister Zhu Rongji an der Spitze aber weigern sich, die bankrotten Staatsbetriebe weiter zu subventionieren.

Eine ganze Region löst sich auf: Im Umkreis von hundert Kilometern um die Provinzhauptstadt Shenyang, das mit sechs Millionen Einwohnern größte Bevölkerungszentrum des Nordostens, liegen sieben weitere Millionenstädte. Die Provinzregierung von Liaoning rät jungen Leuten, die Region zu verlassen und anderswo in China ihr Auskommen zu suchen; Hoffnungslosigkeit und Lethargie befallen die Zurückgebliebenen. Frauen werden in die Prostitution gedrängt; Arbeitslose bieten ihre Dienste auf der Straße als Tagelöhner an.

Den Kumpels in Fushun stehen Wut und Verzweiflung ins Gesicht geschrieben: »Ich sehe aus wie eine Bettlerin. Und sie zwingen mich, eine Diebin zu sein«, schimpft eine Kohlesammlerin, die noch vor Jahresfrist in der Bergarbeiterkantine Essen servierte. »Wir bekommen nichts mehr: keinen Lohn, keine Rente, nichts«, klagt Zhang Ziyang, ein graubärtiger Arbeiter.

Der dreiundsiebzigjährige Bauernsohn, der den Kommunisten vor fünfzig Jahren mit zum Sieg verhalf, war sein Leben lang ein Vorbild an Fleiß und Tüchtigkeit im Betrieb. Doch nun trägt er Lumpen und löchrige Schuhe. Seine Ersparnisse reichen gerade noch für zwei Reismahlzeiten am

Tag für sich und seine Frau. Zhang kann es nicht begreifen: »Wenn ich an die Zeiten unter Mao denke, kommen mir die Tränen, so viel besser ging es uns damals. Nicht einmal während der großen Hungersnot zu Beginn der sechziger Jahre hat man uns so schlecht behandelt wie heute. Unser Essen ist gerade noch ein bißchen besser als im Krieg gegen Japan.«

Anders als etwa die Bauern in den armen Provinzen Zentralchinas sind die Arbeiter in Fushun das Leben in Armut nicht gewohnt. Der Schock kam erst nach dem fünfzehnten Parteitag der Kommunisten im Herbst 1997. Vorher hatte es zwar Lohnkürzungen und Entlassungen gegeben. Doch erst seit der Verkündung der Unternehmensreform auf dem Parteitag, die den zahlungsunfähigen Staatsbetrieben die meisten Fördermittel strich, stehen die Bürger von Fushun vor dem Nichts.

Wie in einer Sprechstunde treten die Bewohner der flachgebauten Arbeitersiedlung hinter den aufgeworfenen Hügeln des Xilutian-Bergwerks nacheinander in die kleine Steinhütte des alten Zhang. »Ich will nur hundert Yuan (umgerechnet zwanzig Mark) für das Schulgeld, damit ich mein Kind nicht aus dem Unterricht nehmen muß«, erregt sich eine ehemalige Bergwerkssekretärin, die heute gemeinsam mit ihrem Mann, der ebenfalls arbeitslos ist, die Straßen nach wiederverwertbarem Müll absucht.

»Ich spüre einen Knoten im Hals und bekomme keine Behandlung. Niemand leiht mir Geld fürs Krankenhaus«, stottert ein Kranker. Da platzt den Umstehenden der Kragen: »Keine Erklärungen haben wir je bekommen, weder von der Regierung noch von der Firma«, schimpfen die Arbeiter. »Wir verlangen nicht mehr als genug Essen und einen sicheren Lebensunterhalt«, sagt der alte Zhang. »Nur den Parteileuten geht es gut. Von denen verliert nie einer die Arbeit«, tönt es aggressiv. Und plötzlich steht einer auf, der seinen Stolz nicht verloren hat, und posaunt: »Wenn die Arbeiter nicht überleben können, gehen sie demonstrieren.«

Es kam schon zu Protesten. In Fushun demonstrierten ein

paar Wochen zuvor die Arbeiter des halb aufgegebenen Stahlwerks. Einige wurden verhaftet, seither herrscht Ruhe in der Bergwerksstadt. Häufiger sind Proteste in der Hauptstadt Shenyang. Immer wieder kamen Arbeiter geschlossener Maschinenbaufabriken vor das Rathaus, um die Fortzahlung ihrer Löhne zu fordern. Vermutlich ist nahezu die Hälfte der 1,5 Millionen Beschäftigten in Shenyang arbeitslos.

Doch derjenige, an den die Proteste der Arbeiter gerichtet sind, sieht keinen Grund, seine Politik zu ändern. »Ich möchte nicht, daß Liaoning als die Provinz bekannt wird, die als erste mit der Planwirtschaft begann und als letzte damit aufhörte«, sagt Wen Shizhen, Parteichef und mächtigster Mann von Liaoning.

Der bullige Nordchinese im Manager-Look hat sich gerade eine neue Parteizentrale im Zentrum Shenyangs errichten lassen. Hinter dunkelblauen Glasfassaden dirigiert er von dort aus sein Reformwerk. Die Tagelöhner unter dem gegenüberliegenden Torbogen mit der Inschrift »Zum Gedenken an die Befreiung Nordostchinas« kann er nicht sehen. Mit Schildern um den Hals, auf denen in roten Schriftzeichen »Körperarbeit« angeboten wird, stehen sie auf der Straße.

Wen interessiert sich ohnehin nicht für die Verlierer der Reformen. »In der Marktwirtschaft überleben nur die Stärksten. Konkurrenz ist ihr wichtigstes Gebot«, doziert der achtundfünfzigjährige Kommunist, der in der Hafenstadt Dalian Ölpumpenstutzen konstruierte, bevor er 1983 in die Politik wechselte. Der ehemalige Maschinenbauingenieur, dessen Macher-Image den Parteioberen in Peking gefiel, soll das größte Industriegebiet Chinas auf Vordermann bringen. Das versucht er mit Ratschlägen fürs Volk: »Wer um einen Arbeitsplatz konkurriert und ihn nicht bekommt, ist nicht gut genug. Und wer nicht gut genug ist, eine feste Arbeit zu bekommen, sollte es als Schuhputzer oder Putzfrau versuchen.«

Wens Gebärden, die wohl denen eines Konzerngewaltigen ähneln sollen, wirken grob und ungehobelt. Er ist, Manager-Schick hin oder her, ein typischer Vertreter seiner Provinz.

Zu wenig gewieft seien die Leute aus Liaoning, nicht flink und emsig genug, um im Reformchaos zu bestehen, sorgt sich ein hoher Kader der Provinzregierung. Stolz und Unbeugsamkeit der Nordchinesen, die die Arbeiterbewegung in Liaoning bis heute stark machen, gelten bei den Parteioberen längst als Standortnachteile.

Parteichef Wen hat die Vergangenheit auf seine Weise abgelegt: Vor dem Parteihochhaus warten Mercedes-Limousinen. Nur wenige Stern-Fahrzeuge in Shenyang besitzen eine rechtmäßige Zulassung. Sie gehören Ausländern, der Rest ist von der Mafia angeschafft. Einen Großteil der illegalen Autos schmücken zudem Nummernschilder der Polizei. Der Beweis für die Bestechlichkeit der Behörden wird nur in Ausnahmesituationen versteckt. Als Partei- und Staatschef Jiang Zemin unlängst die Provinzhauptstadt besuchte, stand zufällig kein Daimler vor dem Parteigebäude.

Kein Wunder also, wenn sich viele in Liaoning über Korruption beschweren. Doch letztlich können die meisten das Ausmaß der Vetternwirtschaft genausowenig einschätzen wie die reale Wirtschaftslage. Selbst Arbeitslosenzahlen, welche die Behörden auf Nachfrage zur Verfügung stellen, werden öffentlich nicht bekanntgegeben. Statt dessen verbreiten die Medien Aufbruchsstimmung und stellen die positiven Seiten der marktwirtschaftlichen Reformen dar, mit denen allerdings kaum jemand in Liaoning bisher Bekanntschaft gemacht hat.

»Wir Arbeiter reden untereinander nicht über die Politik. Wen Shizhen hat zwar neulich meine Fabrik besucht. Aber über seine Politik weiß ich nichts«, sagt ein junger Facharbeiter aus Anshan, der für das nach der Zahl der Beschäftigten größte Stahlwerk der Welt arbeitet. Er ahnt nicht, in welch prekärer Lage er sich befindet. Noch produzieren in Anshan 400 000 Arbeiter jährlich acht Millionen Tonnen Stahl, während im technisch überlegenen Stahlwerk von Shanghai achttausend Arbeiter zehn Millionen Tonnen Stahl herstellen.

Recht gemütlich hat sich der junge Mann am Rand der 1,6 Millionen Einwohner zählenden Stadt im kleinen Arbeiterhäuschen seiner Eltern unter einem Dach aus Ziegeln und Stroh eingerichtet. Über seinem Bett hängt ein Poster mit dem Bildnis einiger Hongkonger Popstars, auf dem Fensterbrett steht eine tragbare Stereoanlage aus Korea. Zwar wünscht er sich nichts sehnlicher als eine kleine Apartmentwohnung im Stadtzentrum, doch er sieht auch die Vorteile seiner Situation: »Hier draußen ist die Luft frischer, und wir besitzen einen kleinen Gemüsegarten.«

Der Zweiundzwanzigjährige hat es bis zur Technischen Fachhochschule gebracht. So fand er eine Anstellung im Stahlwerk, als sein Vater gerade in einen Nebenbetrieb versetzt wurde. Der verdient dort heute nach dreißig Jahren Werkszugehörigkeit halbsoviel wie der Sohn.

Die Bescheidenheit der Arbeiterfamilie, ihre Familientreue und ihr Zukunftsvertrauen rühren noch aus der Idylle des Maoismus. Früher konnte man in Anshan ein anständiges Leben führen. Damals war die Stadt Vorbild für die ganze Nation. Bis zu 700 000 Menschen arbeiteten im Stahlwerk von Anshan und seinen Zulieferbetrieben. Aus der »Wiege der chinesischen Stahlindustrie« kamen in den fünfziger Jahren die Facharbeiter und Ingenieure, die überall im Land die von den Kommunisten geförderte Schwerindustrie aufbauten. Daß mit Maos Politik des »Großen Sprungs nach vorn«, als sogar die Bauern Stahl produzieren sollten, dreißig Millionen Menschen in der Hungertod getrieben wurden, davon haben Vater und Sohn bis heute nichts gehört.

Doch der Frieden der Arbeiterfamilie dürfte bald vorbei sein. Vorboten der Revolte gibt es genug: hier ein Abteilungsleiter, der von Stahlarbeitern aus Anshan ermordet wurde. Dort ein hingerichteter Stahlmanager, der von einem Gericht der Bestechlichkeit überführt wurde.

Vor allem die Führungskader haben den Glauben an ihren Betrieb verloren. Zwar redet ein Unternehmenssprecher vollmundig von Erfolgen bei der Gründung kleinerer Betriebseinheiten. Doch Gewinn- oder Verlustzahlen nennt er keine. Weitere Fragen sind nicht gestattet.

»Bei technischen Neuerungen und in der technischen Revolution mutig voranschreiten – in diesem Prinzip zeigt sich die Entschlossenheit des chinesischen Arbeiters, unabhängig und sein eigener Herr zu sein, auf die eigenen Kräfte zu vertrauen, in der industriellen Entwicklung eigene Wege zu gehen und das fortgeschrittene Weltniveau einzuholen und zu überflügeln«, verfügte die Betriebsordung von Anshan während der Kulturrevolution. Dann kam 1978 Deng Xiaoping nach Anshan und befahl den Großunternehmen des Landes, sich am Ausland zu orientieren. Alte Maschinenparks aus Japan, Amerika und Deutschland wurden komplett nach Anshan importiert und dort wiederaufgebaut. Es half alles nichts.

Das riesige Stahlwerksgelände von Anshan – samt Bergbau und Bahnhof umfaßt es 156 Quadratkilometer – wäre nach den Gesetzen der Marktwirtschaft längst eine Ruine. Die Betriebsbesichtigung gleicht einem Rundgang durch ein Freilichtmuseum der ersten Jahrhunderthälfte: Da keuchen die Dampflokomotiven, es rattern die Förderbänder und jeder Arbeiter kommt mit dem Fahrrad ins Werk. Fragt sich, wie lange noch. Bis zur Jahrtausendwende wollte die Regierung landesweit eine halbe Million Stahlarbeiter entlassen – einen Großteil davon in Anshan. Doch dann machte die Asienkrise die Pläne zunichte. Da das Wachstum in anderen Branchen ausblieb, wollen die Reformer in Anshan nicht das gleiche Elend wie in Fushun riskieren.

Noch kann sich niemand vorstellen, wie die Liaohe-Ebene mit ihren verwahrlosten Industriemetropolen im Jahr 2010 aussehen wird. Daß es auch im Nordosten Chinas Aussicht auf ein Leben jenseits der braunschwarzen Kohle- und Stahlwüsten gibt, dafür mußte bislang die Hafenstadt Dalian am äußersten Zipfel der Liaodong-Halbinsel als Beispiel herhalten. Die 2,5-Millionen-Stadt war Ausgangsort für die japanische Kolonisierung der sogenannten »Mandschurei« in den dreißiger Jahren. Sie erlebte eine zweite Blüte, als wiederum die dieses Mal wirtschaftlich expandierenden Japaner in den achtziger Jahren Dalian zu ihrer Hauptproduktionsstätte in China erklärten. Seither haben 1500 japanische Unternehmen im »Hongkong des Nordens« investiert. Eine beeindruckende Skyline ist entstanden. Aller Mißgunst gegenüber dem alten Feind zum Trotz hat man sogar die zahlreichen stilvollen Kolonialgebäude restauriert, die der Stadt bis heute ihren Charme verleihen.

Doch auch Dalian ist ein Auslaufmodell. Dreimal hintereinander stellte die Stadt Ende der neunziger Jahre den chinesischen Fußballmeister. Doch der Unternehmer, der die Mannschaft förderte, mußte den Verein aufgrund von Spekulationsverlusten aufgeben, und prompt rutschte Dalian ans Tabellenende. Nicht einmal der örtliche Vertreter des Tokioter Wirtschaftsministeriums, das die japanische Investitionsstrategie in China einst erdachte, macht sich noch Illusionen: »Anders als Shanghai ist Dalian eine isolierte Stadt ohne Hinterland. Ihr fehlt der Binnenmarkt und ihr fehlt der freie Informationsfluß, wie er im Süden Chinas heute existiert.« Ebenso hart beurteilt der japanische Diplomat die regionale Reformpolitik der Chinesen: »Ohne Order von Peking kann im Nordosten nichts entschieden werden. Es fehlt an jeglicher Eigeninitiative.« Die einzige erkennbare Reformstrategie, sagt der Tokioter Wirtschaftsexperte, seien entweder die Schließung oder die Zusammenführung der Verlustbetriebe. Neue Produkte, Qualitätsverbesserungen und Spezialisierungsbestrebungen seien nirgendwo zu erkennen.

Vielen in Liaoning scheint es, als trage der Nordosten ganz allein die Last der Reformen, die anderswo in China Reichtum und Wohlstand hervorgebracht haben. »Der Bürgermeister ist rot, und die Menschen sind gelb«, stöhnt eine arbeitslose Textilarbeiterin in Jinzhou, einem Arbeitervorort von Dalian. Gelb, das bedeutet in China Scheitern.

Doch man muß den Opfern der Krise genau zuhören, um die Mischung aus alltäglicher Verzweiflung und historischem Optimismus, aus gefühlsmäßiger Protestneigung und rationalem Einsehen in die bitteren Zeiten wahrzunehmen, die für die Volksrepublik zur Jahrtausendwende typisch ist. Drei Frauen über vierzig in einem kleinen Friseursalon in Jinzhou sind Musterbeispiele für diese Haltung. Bis vor wenigen Jahren arbeiteten sie in der vor achtzig Jahren gegründeten Textilfabrik auf der gegenüberliegenden Straßenseite ihrer Arbeitersiedlung. Dann wurde die Hälfte der 16 000 Angestellten im Rahmen der von Peking verfügten Rentabilisierungsvorgabe entlassen. Die Frauen waren zu alt, um bleiben zu dürfen.

Eine von ihnen eröffnete in einer noch von der japanischen Besatzungmacht errichteten Baracke den Salon. Die anderen beiden leisten ihr an einem Tag ohne Kundschaft Gesellschaft – dabei schimpft es sich leichter über die Arbeitslosigkeit. Doch die drei erinnern sich auch der hoffnungslos veralteten Maschinen in ihrem Betrieb und der seit Jahrzehnten mangelhaften Stoffqualität. »Ich habe achtundzwanzig Jahre in der Fabrik gearbeitet und viel für das Unternehmen geleistet«, sagt die Arbeiterin auf dem verrosteten Friseurstuhl. »Aber ich weiß auch, daß ein Unternehmen mit Gewinn arbeiten muß. Die Privatisierung ist für unsere Fabrik der einzig denkbare Weg.«

Damit greift sie den Pekinger Reformern sogar ein Stück voraus. Niemand in der Kommunistischen Partei redet heute von der Privatisierung der Staatsbetriebe, man spricht nur von neuen Eigentumsformen. Halbherzig hat der Nationale Volkskongreß im Frühjahr 1999 das private Besitzrecht in der Verfassung abgesichert. Gleichwohl sind sich Partei und Krisenopfer in einem einig: Die Zeiten des staatlichen Wirtschaftsdirigismus sind vorbei, die alten Betriebe der Mao-Ära dem Untergang geweiht. Die Textilarbeiterinnen in Jinzhou verlangen nicht ihre Wiedereinstellung, sondern eine zweite Chance, von der sie selbst nicht wissen, wo sie liegt.

Und der Konsens reicht noch weiter: Ein Unternehmen, so hört man, muß mit Gewinn arbeiten. Das heiße nicht, jeder sei seines Glückes Schmied. Aber schon die Abkehr vom Glauben an die Verantwortung des Staates für das Unternehmen verringere die Ansprüche der Arbeiter an die Zentralen in Peking und Shenyang. Vielleicht läßt sich sogar den verzweifelten Anstrengungen der Arbeitslosen, die es als Mandarinenverkäufer, Handwerker und Müllsammler auf die Straßen treibt, etwas Zukunftshoffnung abgewinnen. Sie alle verdingen sich selbständig und verzichten einstweilen auf Protest.

In Fushun sind die Straßen selbst im tiefsten Winter bei Eiseskälte überfüllt. Je länger man dem Treiben zuschaut, desto deutlicher wird erkennbar, weshalb die Kohlestadt trotz ihrer katastrophalen Wirtschaftslage noch kein Ort der Gewalt und des Chaos ist: Die Menschen beschäftigt etwas, sie gehen einkaufen oder verkaufen. Sie tragen Werkzeug in der Hand und preisen ihre Fähigkeiten an. Manche sitzen vor der Haustür und versuchen, aus den unmöglichsten Dingen noch etwas zusammenzubauen: ein Fahrrad zum Beispiel. Kein Alteisen bleibt liegen. Kein Papier geht in den Papierkorb. Die Stadt ist bei allem Elend erstaunlich sauber. Offen bleibt, ob es schon die neue Arbeitsmoral der »sozialistischen Marktwirtschaft« ist, die Fushun vor dem Zerfall rettet, oder noch die alte Sozialordnung des Maoismus.

An sie erinnert das Denkmal des wichtigsten Arbeiterhelden der Volksrepublik: Der maoistischen Legende zufolge lebte der Lastwagenfahrer Lei Feng in Fushun, bis er, mit zweiundzwanzig, von einer umkippenden Straßenlaterne erschlagen wurde. Seither pilgern jährlich Hunderttausende von Schulkindern an die Weihestätte Leis, vor der gerade eine Gruppe taubstummer Kinder kleine Theaterstücke aufführt. Es sind kleine Szenen aus dem Leben des Bauernjungen und Lastwagenfahrers. Wie der junge Lei eine alte Dame und ihr Enkelkind bei stürmischem Gewitter nach Hause bringt. Und wie Lei als heranwachsender Soldat alles unternimmt, um seinen Landsleuten in einer Naturkatastrophe beizustehen.

»Die Kinder sollen von Lei Feng lernen, dem anderen zu helfen«, erklärt die Betreuerin der Behinderten. Schon am 5. März 1963 prägte Mao das Gebot: »Vom Genossen Lei

Feng lernen«. Mit den zum Teil frei erfundenen Legenden vom Arbeiter-Jesus, der sein kurzes Leben lang nur Gutes tat, bereitete Mao das Land auf die Kulturrevolution vor. Doch noch heute gehen alle Schulkinder in Liaoning am 5. März auf die Straße, um Gehwege zu reinigen und alten Menschen über die Straße zu helfen.

In Peking oder Shanghai, den Zentren Reformchinas, lacht man heute über solches Gutmenschentum. Die Sonderpädagogin am Denkmal Lei Fengs ist anderer Meinung: »Gerade in einer Zeit, in der die Menschen von der Regierung angehalten werden, sich nur noch um sich selbst zu kümmern, bleiben meine behinderten Kinder auf die Nächstenliebe angewiesen.« Wer ihr zuhört, möchte meinen, daß in den Zeiten der Arbeiter- und Bauernsolidarität das Leben genauso kompliziert war wie heute: ein Teil Lüge, ein Teil Wahrheit.

# Xinjiang

*Testgebiet für nationale Minderheiten*

**Hinter dem neonleuchtenden Geldtempel** der Bank of China erhellen drei trübe Straßenlampen die alte Steintreppe zur Moschee. Bärtige Männer, in weite Gewänder gehüllt, kommen aus den Nebengassen. Sie halten sich im Schutz der Wände, blicken nicht auf, nur die bunten Stickereien ihrer Kappen blitzen im fahlen Laternenlicht der Moscheetreppe und verraten ihre Herkunft. Es sind Uiguren, Angehörige eines muslimischen Turkvolkes in Chinas größter Provinz Xinjiang. Es ist die Zeit des Abendgebets, und die Männer tun heimlich, weil sie Angst haben.

»Unbarmherziges Vorgehen gegen kriminelle Elemente, die den moslemischen Nationalismus und das religiöse Gefühl steigern«, verlangen die Abendnachrichten im Staatsfernsehen. Kein öffentlicher Gebetsruf erklingt von Minaretten. Neben Urumqis Wolkenkratzern, in denen tagsüber der chinesische Kapitalismus floriert, wirkt die Moschee wie eine Dienstbotenwohnung. In der auf Befehl Maos im Wüstensand erbauten Millionenmetropole, dem Brückenkopf der Volksrepublik in Zentralasien, stellt das alte Turkvolk nicht mehr die Bevölkerungsmehrheit.

Ein junger Uigure, der im Anzug auf der Gebetsmatte kniet, macht keinen Hehl aus seinem Unbehagen über die Kolonisierung. »Es gibt jetzt viel zu viele Chinesen hier, und sie mögen uns Moslems nicht.« Der Mann treibt Handel in Urumqi. Er will jedoch so bald wie möglich ins Ausland, weil er für die Zukunft seiner Landsleute schwarzsieht. »In Xinjiang gibt es keine Hoffnung für uns Uiguren.«

Deshalb legen uigurische Terroristen Bomben, in Urumqi wie in Peking, für eine uigurische, islamische Wüstenrepublik. Seit der Auflösung der Sowjetunion, seit die Kasachen und Usbeken plötzlich eigene Republiken verwalten, ist auch der uigurische Nationalismus wiedererwacht. Im Gegenzug haben die Chinesen die Überwachung verschärft. Im »Uigurischen Autonomen Gebiet Xinjiang« der Volksrepublik ist nichts autonom. Für den chinesischen Partei- und Staatschef Jiang Zemin bildet die Region eine »ethnische Einheit«. In sie müssen sich die Uiguren einfügen. Die Behörden gängeln vor allem die Moscheen. Regelmäßig kommt es zu Durchsuchungen, die Gebete werden gestört, die Imane festgenommen. Unter den betroffenen Uiguren fühlen sich die Älteren an die Kulturrevolution erinnert.

Xinjiang heißt auf chinesisch »Neue Grenze«. So nannten die Besatzer die 1949 eroberten Gebiete. Früher hieß das Land ›Unabhängige Republik Uiguristan‹. Noch früher stritten sich die Großmächte England und Rußland um die zweitgrößte Wüste der Welt. Und in noch fernerer Vergangenheit berichteten die Karawanenführer der Seidenstraße vom »wilden Turkestan«. Die gewaltige Landmasse des heutigen Xinjiang – dreimal so groß wie Frankreich, halb so groß wie Indien – wird von riesigen Gebirgen eingefaßt, deren Ströme im Sand zerrinnen. Die Natur bietet großartige Wunder – wenn etwa die Schneegipfel des Tianshan-Gebirges über die Sandstürme der Takla-Makan emporragen oder sich inmitten der gelben Einöde grüne Weinberge erheben.

Siebzehn Millionen Menschen bevölkern heute die Oasen Xinjiangs, davon sind acht Millionen Uiguren und sieben Millionen Han-Chinesen. Der Rest verteilt sich auf Minderheiten wie Kasachen, Kirgisen und Mongolen.

Aufstände der Turkvölker gegen die Han-Chinesen sind nicht neu. Aber seit Mitte der neunziger Jahre häufen sich Bombenanschläge und Straßenkämpfe. Nach Angaben der uigurischen Exilorganisation in Kasachstan sind zwischen 1996 und 1998 mehr als tausend Uiguren hingerichtet worden.

Von zahlreichen Hinrichtungen sprach auch die Menschenrechtsorganisation Amnesty International in einem Sonderbericht über die Lage in Xinjiang vom April 1999. Darin warf Amnesty den Behörden der Region »besonders gewaltsame Foltermethoden« vor, die in keiner anderen Gegend Chinas Anwendung fänden.

Zu dem bekanntesten Zusammenstoß zwischen Uiguren und Chinesen kam es im Februar 1997 in der kleinen Wüstenstadt Yining. Man zählte zehn Tote und hundertfünfzig Verletzte. In dem anschließenden Prozeß wurden in Yining neunundzwanzig moslemische Separatisten verurteilt, einer zum Tode; die Strafe wurde anschließend für zwei Jahre ausgesetzt, in denen der Delinquent nicht rückfällig werden darf. »Alle diese Verbrecher waren in den Schmuggel von Waffen, Munition, Sprengstoffen und in illegale Propaganda, einschließlich Flugblättern und Videos, verwickelt«, sagte ein chinesischer Polizeibeamter.

Wenig später explodierten Bomben in Bussen in Urumqi, mindestens zehn Menschen starben und siebzig wurden verletzt. Als dann sogar in Peking die Busbombe einer uigurischen Widerstandsgruppe hochging, war der Völkerstreit in der Wüste nicht länger zu verheimlichen, obwohl die Regenten in der Hauptstadt alles taten, um Xinjiang hermetisch von der Außenwelt abzukapseln.

Zhang Zou, Vizepräsident der Xinjianger Provinzregierung, ist Han-Chinese, spricht aber Uigurisch, was ihn unter den Mächtigen der Provinz zum Exoten stempelt: »Ich bin in Xinjiang geboren. Wo ich wohnte, gab es viele Uiguren, und ich habe mit ihren Kindern gespielt.« Die scheinbar harmlose Erzählung gehört zum Parteiprogramm. Im Empfangssaal des Regierungspalastes von Urumqi spricht Zhang vor einem dunkelroten Wandteppich, auf dem die Völker Xinjiangs fröhlich miteinander tanzen.

Zhang ist nervös: Seit Jahren redet er nur mit der Parteipresse. Das Problem des »Terrorismus der Separatisten« sei nicht gelöst, räumt der Apparatschik ein. »Im vergangenen

Jahr sind in Xinjiang hundert Menschen wegen Mordes, Brandstiftung und anderer terroristischer Aktivitäten verurteilt worden.« Das ist mehr, als die Parteiorgane zuvor verlauten ließen. Dann fährt Zhang im strengen Parteichinesisch fort: »Die meisten Leute sind gegen die Separatisten, die im Namen der Religion ihren Alltag durcheinanderbringen.« Das Problem werde von ausländischen Medien aufgebauscht. Die Zahl der Menschen, die bei Attentaten zu Schaden kämen, sei kleiner als die Verkehrsopferzahl der Provinz.

Vehement leugnet der Parteisoldat die Beweggründe der Terroristen. »Diese kriminellen Akte haben mit Religion oder Rasse nichts zu tun.« Vielmehr handele es sich um »reine Zerstörungswut«. »In Xinjiang gibt es keine Rassenprobleme. Hier sind wir alle gleich. Und die meisten Menschen sind glücklich.«

In Wirklichkeit wird Xinjiangs zweifelhaftes Glück von handfesten chinesischen Interessen diktiert. Die entlegene Provinz ist eine Schatzkammer: Öl, Gas, Kohle, Kupfer, Eisen und Gold lagern in der Wüste. Wenngleich die Ölreserven nicht – wie ursprünglich angenommen – denen Saudi-Arabiens entsprechen, sondern nur ein Zehntel davon betragen, sind sie unverzichtbar für das energiehungrige Riesenreich.

Zudem will Peking Xinjiang zu einer »modernen Seidenstraße« ausbauen. Öl aus Kasachstan und anderen zentralasiatischen Ländern soll nach China fließen. Auch den Iran und den Irak will man über Tausende von Pipeline-Kilometern durch die Wüste mit dem Reich der Mitte verbinden. So erhofft sich China seine Unabhängigkeit von den unberechenbaren Seewegen nach Nahost.

Unschätzbar ist der Wert Xinjiangs für Chinas rote Generäle. Die Provinz grenzt nicht nur an Rußland und die muslimisch geprägten Staaten Kasachstan, Kirgisistan, Tadschikistan und Afghanistan, sondern berührt auch die Atomstaaten Indien und Pakistan im umkämpften Kaschmir. Bis Neu-Delhi sind es vom Südzipfel Xinjiangs nur noch siebenhundert Kilometer, bis Islamabad weniger als vierhundert. So kontrolliert Peking eine gigantische Pufferzone zwischen den Kulturen – und bewahrt sich Einfluß auf den Konflikt zwischen Hinduismus und Islam.

Allerdings stellen Öffnungspolitik und Militärstrategie die chinesische Regierung in Xinjiang vor ein Dilemma: Je weiter sich Chinas Tore für die Ölversorgung und andere Geschäfte öffnen, desto schwieriger wird es, die Beziehungen der Uiguren mit den anderen muslimischen Völkern zu kontrollieren. Peking fürchtet einen panasiatischen Islam.

Zumal den Uiguren die chinesischen Interessen fremd bleiben. Sie haben zuschauen müssen, wie die Zahl der chinesischen Siedler von 300 000 im Jahr 1949 auf heute sieben Millionen stieg. Zwar kam mit den Chinesen nach der Kulturrevolution auch mehr Wohlstand nach Xinjiang. Viele Uiguren sind heute wohlhabender als der durchschnittliche Kasache oder Usbeke. Doch jetzt packt die Ureinwohner die Angst, daß ihrem seit tausend Jahren in der Wüste ansässigen Volk die Ausgrenzung im eigenen Land droht.

In der Ölstadt Korla sind die Befürchtungen zur Gewißheit geworden. Inmitten der kärgsten Einöde, in einer hellbraunen Welt, ist aus dem Nichts innerhalb von wenigen Jahrzehnten eine gepflegte Großstadt mit 320 000 Einwohnern entstanden. Das Geld liegt hier auf der Straße – doch nur für Chinesen. Dafür sorgt die Ölfirma, die von Korla aus die Ölfelder im Talim-Becken verwaltet. Von der Klinik bis zum Kinderhort, vom Luxushotel bis zum Swimming Pool – den chinesischen Ölarbeitern, die sich hier für die Volksrepublik nützlich machen, soll es an nichts fehlen. Nur die Uiguren, die in Korla in eigenen Wohnbezirken leben, gehen leer aus.

»Die meisten Mitarbeiter sind qualifizierte Techniker«, sagt ein Ölmanager. Als qualifiziert gelten vor allem Chinesen. Weniger als zehn Prozent der Ölarbeiter in Korla sind Uiguren. Damit das nicht so auffällt, haben die Chinesen einen uigurischen Bürgermeister eingekauft: »Alle sind glücklich, wenn die Ölfirma viel Geld verdient«, beteuert der Parteikader.

Anders klingt es in den uigurischen Stadtbezirken von Korla, wo das einfache Volk bei Hammelkopf und Weizennudeln hinter vorgehaltener Hand seinem Ärger Luft macht: »Die essen Schweinefleisch.« – »Das sind Barbaren.« Böse und gehässig sprechen die Ureinwohner über die Sitten der Ungläubigen. Sie erzählen von Polizisten, die neulich das uigurische Viertel durchkämmten und mit Megaphonen davor warnten, üble Gerüchte zu verbreiten. »Die lassen uns nicht in Ruhe.« Und es fallen auch Sätze wie: »Xinjiang ist ein sehr großes Land, viel größer als viele Länder, die unabhängig sind. Warum kann nicht auch Xinjiang unabhängig werden?«

Tag und Nacht überfliegen Militärflugzeuge Korla. Überwachen sie die Ölfelder? Auch vor Anschlägen auf Ölraffinerien haben uigurische Kommandos nicht zurückgeschreckt. Oder beobachten sie das Grenzgebiet? Die chinesische Regierung vermutet, daß die Terrortrupps in den islamischen Nachbarländern Unterstützung bekommen und ihre Waffen über die Grenzen einschmuggeln.

Bei der Wahl ihrer Freunde haben es die Uiguren nicht leicht: Kein Dalai Lama trägt ihren Freiheitswillen um die Welt. Im Westen nimmt sich niemand ihrer Sache an. Die Chinesen bekämpfen den uigurischen Widerstand schon deshalb aufs härteste, weil ihnen vor ähnlichen Bewegungen in Tibet oder der Mongolei graust. Mit Zuckerbrot und Peitsche heizt die Partei den Ureinwohnern ein. »Wir Kommunisten sollten den Anhängern anderer Religionen Vertrauen entgegenbringen«, sagte KP-Chef Jiang während einer Xinjiang-Reise im Juli 1998. Doch schon im nächsten Satz kündigte er den »Kampf gegen den nationalen Separatismus« an.

Wofür die Uiguren streiten, ist in den modernen Siedlerstädten Urumqi und Korla schwer nachvollziehbar. Anders in Turfan, der alten Oasenstadt an der Seidenstraße. Zwischen den fünftausend Meter hohen Flammenbergen (Huoyan Shan) und dem hundertfünfzig Meter unter dem Meeresspiegel gelegenen Salzsee Aiding Hu glänzen grüne Weinberge in der roten Morgensonne. Bäche plätschern unter Bäumen, Kinder planschen im Wasser, und die Esel ziehen geduldig die mit Weintrauben vollbeladenen Karren auf den Markt von Turfan. Hier werden Gemüse und Obst in allen nur erdenklichen Farben angeboten. An kleinen Ständen reicht man frisches Falaffelbrot zur Suppe. Zwischen zwei schweren Mehlsäcken sitzt ein hemdloser Bäckerbursche und gähnt. Chinesen sind weit und breit nicht zu erkennen.

Dieser uigurische Garten Eden ist seit Menschengedenken bekannt. Für jede Wüstenkarawane auf der Seidenstraße hatte Turfan etwas Erlösendes, Unbegreifliches. Für die Ureinwohner hat sich daran nichts geändert: Die Perle am Rande der Takla-Makan ist ihr Paradies geblieben – unberührt, unverdorben, uigurisch. Nur die wenigsten von ihnen wissen, in welcher Umgebung sie in Wirklichkeit leben.

Turfan, 240000 Einwohner, ist die dem chinesischen Atombombentestgelände Lop Nor am nächsten gelegene Großstadt. Kein Wunder, daß es die Chinesen nicht hierherzieht. Das Gelände bildet ein Dreieck mit Turfan und Korla. Ohne ein Wort der Erklärung haben die Chinesen in Lop Nor bis zu ihrem letzten Versuch im Jahr 1996 ihre Atombomben gezündet. Nur wenige, kaum verifizierbare Berichte der Exiluiguren sprechen von der atomaren Verseuchung der Gegend. Mindestens 200000 Strahlungsopfer soll es demnach geben. Schon 1985 gab es in Urumqi Demonstrationen gegen die Atomtests. Die wirklichen Schäden an Menschen und Umwelt blieben unbekannt.

Der Fall Lop Nor macht keine Ausnahme. Großmächte haben ihre Atomtests immer dort durchgeführt, wo ihnen das Land nicht gehörte: Die USA auf dem Bikini-Atoll im Pazifik; Frankreich auf Tahiti im Südpazifik; Rußland in Semipalatinsk in Kasachstan. Jedesmal zählten die Opfer vor Ort zu Minderheiten, die ihr Recht auf Selbstbestimmung nicht voll ausüben konnten. Auch die Uiguren von Turfan gehören dazu.

# Tibet

*Aufschwung und Terror auf dem Dach der Welt*

**Tibet zur Regenzeit:** Der Toyota-Jeep des deutschen Entwicklungshelfers steckt fest, umspült vom braunen Schlamm des Gangdiseshan-Gebirges am Rücken des Himalaya. Vor uns versinkt die Fahrspur über Hunderte von Metern in den schäumenden Fluten des Glücksflusses (Kyichu), die nach Indien ins Tal des Brahmaputra drängen. Ein paar Kilometer flußabwärts warten die Bergbauern von Dadung auf Ulrich Frings, der seit Beginn der neunziger Jahre den Aufbau kleiner Kraftwerke in tibetischen Dörfern betreut.

Frings ist in Dadung wohlgelitten. Die Bauersfrauen stört es nicht, wenn der Deutsche über ihre Schulter guckt und zusieht, wie sie in mühseliger Handarbeit traditionelle tibetische Gewänder und nicht etwa rote Fahnen spinnen. Frings zählt die Kinder der Familien – drei, vier, fünf –, um die Vorwürfe gegen die chinesische Geburtenkontrolle an Ort und Stelle widerlegt zu sehen. Er betritt die Hütten der Bauern, in denen die Bilder des von den chinesischen Besatzern verjagten Dalai Lama hängen. Im Dorfkloster oben am Hang beten ununterbrochen sieben buddhistische Mönche für das irdische Wohl der siebenhundert Seelen von Dadung. »Nichts geschieht hier ohne ihren Segen«, erklärt die dreiundvierzigjährige Bürgermeisterin. Genauso wichtig aber ist ihr der materielle Fortschritt: »Seitdem wir Elektrizität haben, muß niemand mehr Öl kaufen. Jetzt sind alle im Dorf reicher.«

Nichts wünscht sich eine Bäuerin in Dadung sehnlicher als einen Gasherd: »Mir ist egal, ob ihn die kommunistische Regierung oder der Dalai Lama bezahlt«, sagt die Frau. Die

Lehmmauern ihres kleinen Anwesens sind mit Yakmist verkleidet, das Dach ist aus Stroh und Ästen geflickt. Im Stall neben dem Eingang schläft ein schwarzes Schwein vor einem hölzernen Butterfaß. Drinnen fehlt es an allen modernen Geräten. Der Schlafraum dient tagsüber als Gebetsstätte, im Winter wird darin auch gegessen. Vor einem Bildnis des Dalai Lama schenkt die Gastgeberin Yakbuttertee ein. Dazu gibt es Gerstenbrei, die tägliche Mahlzeit der Bergbewohner. Der für den fremden Blick wertvollste Gegenstand des Hauses ist ein buntbemalter Bauernschrank.

Tibet zählt zu den ärmsten Gebieten Chinas. Nur zwei Tausendstel der Provinzfläche sind als Ackerfläche nutzbar. Die unwirtliche Bergregion nimmt beim Pro-Kopf-Einkommen den drittletzten Rang von einunddreißig Provinzen ein. Von den 2,4 Millionen Einwohner Tibets wohnen neunzig Prozent in Dörfern. »87 Prozent sind in der Landwirtschaft tätig.« Das sagt der deutsche Tibetforscher Thomas Hoppe. Doch alle Angaben über Tibet sind umstritten. Der vierzig Jahre alte Streit zwischen Peking und der tibetischen Exilregierung im indischen Dharamsala beginnt bei der Größe des alten Lamareichs. Tibet sei so groß wie die iberische Halbinsel, Frankreich und die Benelux, sagen die Chinesen und meinen damit die »Autonome Region«, die sie 1965 gründeten. Der Dalai Lama sagt, Tibet sei doppelt so groß und umfasse auch die gesamte Provinz Qinghai, außerdem Teile der Provinzen Gansu, Sichuan und Yunnan. Thomas Hoppe unterscheidet deshalb das »politische« vom »ethnographischen« Tibet. Letzteres zählt dann mehr als vier Millionen Tibeter.

Bei den Bevölkerungsdaten ist die Zahl der Han-Chinesen ein Streitpunkt. Die Exiltibeter werfen den Chinesen eine Zuwanderungspolitik mit dem Ziel der Sinisierung vor. Doch ihre Behauptung, derzufolge bereits vierzig Prozent der Provinzbevölkerung Chinesen seien, stimmt genausowenig wie die Pekinger Statistiken, nach denen der chinesische Bevölkerungsanteil in Tibet unter fünf Prozent liegt. Westliche Tibetforscher sprechen realistisch von einem chinesischen Bevölkerungsanteil von fünfzehn Prozent, der aus 300 000 Arbeitsmigranten und 150 000 Soldaten besteht. Manchmal ist auch von bis zu 250 000 Soldaten die Rede. Das ist viel, wenn man bedenkt, daß vor der kommunistischen Invasion im Jahr 1949 kaum Han-Chinesen im politischen Tibet lebten. Doch es ist wenig im Vergleich zur nördlichen Nachbarprovinz Xinjiang, wo eine han-chinesische Siedlerlawine seit 1949 die heimischen Uiguren zur Minderheit werden ließ. In Wirklichkeit sind in Tibet die meisten Ansiedlungsprogramme fehlgeschlagen, weil viele Chinesen das sauerstoffarme Bergklima nicht vertragen. Das vom Dalai Lama gern zitierte tibetische Sprichwort, das besagt, einem Chinesen würden bald zehn folgen, hat sich vorerst nicht bewahrheitet.

Nur die Städte haben sich verändert. In Lhasa stellen Chinesen etwa die Hälfte der 200 000 Einwohner. Mit seinen vielen kleinen Restaurants und Handwerksbetrieben gleicht die tibetische Hauptstadt über weite Straßenzüge einer beliebigen chinesischen Provinzstadt.

Ganz anders ist die Situation auf dem Land. »In den fünfzig Dörfern, die ich betreue, treffe ich keine Chinesen«. berichtet Entwicklungshelfer Frings. Durch seine achtjährige Tätigkeit in der Region ist der Deutsche wie kaum ein zweiter westlicher Beobachter mit den Lebensbedingungen der tibetischen Landbevölkerung vertraut. Er beobachtet, wie in das mittelalterliche Dasein der Yakhirten ohne Straßen, Strom und Telefon langsam der Fortschritt einbricht. Die Entwicklung ist ein Phänomen der neunziger Jahre, in denen nach Jahrhunderten des Tauschhandels und vier Jahrzehnten kommunistischer Zentralverwaltung erstmals der Kapitalismus in Tibet Einzug erhielt. »Über die Jahre hat sich die Lage extrem verbessert«, sagt Frings. »Die Aggressivität zwischen Bauern und Besatzern ist verschwunden.« Ein Anzeichen dafür schienen die Reaktionen auf die »Jahrhundertflut« im Sommer 1998 zu sein, die auch in Tibet Verwüstungen anrichtete. In vielen Dörfern der Provinz ließ sich beobachten, wie Soldaten der Volksarmee mit schweren Straßenbaumaschinen neben Bauern mit Spaten und Schaufeln im wortlosen Einverständnis gegen die Wassermassen kämpften. Ein einziges Mal jubelte die Parteipresse nicht zu unrecht.

Zwei Stunden Jeep-Fahrt östlich von Lhasa liegt auf 4200 Meter Höhe unter der heiligen Klippe Wangku Ri das sechshundert Jahre alte Kloster Ganden. Ein schmaler Serpentinenweg führt aus dem Tal des Kyichu in ein natürliches Amphitheater, an dessen Hänge sich die rotgedeckten Klosterbauten schmiegen. Die Geburtsstätte der bis heute tonangebenden Gelukpa-Schule des tibetischen Buddhismus erinnert an die Fluchtburgen der Katharer auf den Bergspitzen der südfranzösischen Corbieren. Zwar trieben nicht Ängste vor Inquisitoren die Mönche in so schwindelerregende Höhen, doch ähnlich wie die Katharer seinerzeit gegen die Mystik des päpstlichen Katholizismus aufbegehrten, bestanden die Gelukpa-Mönche in Ganden, auch Gelbmützen genannt, auf einem moralischeren und weltzugewandteren Buddhismus. Der bunte Zauber älterer Sekten paßte nicht in ihre entlegene Bergwelt. Sie waren die Protestanten des Himalaya und der Dalai Lama ihr Martin Luther. Ihre Disziplin kannte keine Grenzen.

Im sechzehnten Jahrhundert arrangierten die Gelbmützen ein Bündnis mit dem mächtigen Mongolenführer Altan Khan, aus dem der erste Dalai Lama als oberster Führer und Reinkarnation Avalokiteshvaras, des Schutzgottes von Tibet, hervorging. Die Herrschaft der Ganden-Schüler wurde mit der Inthronisierung des fünften Dala Lama im Jahr 1642 konsolidiert. Damals reiste der Dalai Lama als unabhängiger Regent zu den Führern der jungen Ching-Dynastie nach Peking. Gute Beziehungen zu Tibet waren für die Chinesen damals wichtig, weil der Dalai Lama ein hohes Ansehen unter den für Peking gefährlichen Mongolen besaß.

Von diesen Zeiten können die Mönche auf Ganden heute nur träumen. Zwar erleichtern ihnen Turnschuhe und Regenschirme das Leben im Klostermatsch. Doch für mehr Macht und Einfluß würden sie auf die wenigen modernen Utensilien, die sie gebrauchen, gerne verzichten. »Der Alltag auf dem Berg verläuft ohne Höhepunkte. Unser Leben ist für andere da«, sagt ein junger Novize. Der Altruismus der Mönche ähnelt immer noch dem der Frühsozialisten.

Ganden war zu jeder Zeit ein Hort der Vordenker, ein geistiges Zentrum der religiösen Machthaber Tibets, die sich hier dem Himmel nah fühlten. »Ich weiß nicht, ob der Dalai Lama wieder aus dem Exil zurückkommen wird, aber ich weiß, wo sein Zimmer ist«, sagt ein Mönch. Hinter den meterdicken Steinwänden des Klosters besitzt das Oberhaupt der Tibeter bis heute ein gut gepflegtes Kämmerlein, in dem vor einem Sofa drei Schutzgöttinnen auf ihn warten.

Das alles hatten die Kommunisten nach der Flucht des Dalai Lama im Jahr 1959 zerstört und verwüstet. Ganden litt mehr als alle anderen Klöster. Als Anfang der achtziger Jahre der Wiederaubau möglich wurde, standen nur noch die Grundmauern der stolzen Mönchsburg. Seither schreitet die Restaurierung langsam voran. Immer wieder gibt es Rückschläge. Ausgerechnet in Ganden mußten die atheistischen Besatzer im Mai 1996 eine »politische Umerziehungskampagne« starten. Der Aufstand der Mönche war vorauszusehen, und nur die Armee konnte ihn niederwerfen. Sie hinterließ zwei Tote und fünf Verwundete, über sechzig Klosterdiener wurden festgenommen. Von ihnen befand sich der 1970 geborene Ngawang Tenkyong noch hinter Gittern, als es zwei Jahre später, im Mai 1998, zu einem Häftlingsaufstand im berüchtigten Drapchi-Gefängnis von Lhasa kam. Nach Berichten des »Tibet Information Network« in London wurden bei dem Aufstand zehn Gefangene ermordet, darunter auch Ngawang Tenkyong und ein anderer Mönch aus Ganden. Wieder einmal war das Kloster seinem Ruf gerecht geworden, die standfestesten Buddhisten der Welt hervorzubringen.

Die Umerziehungskampagne geht bis heute weiter. Tibetische Parteigenossen belehren die Mönche über die Einheit des Mutterlandes und das ewige chinesische Kaiserreich, zu dem Tibet nach Auffassung der Besatzer immer gehörte. Von den Mönchen verlangen die Kommunisten, was sie den Bauern nicht zumuten: Dem Dalai Lama abzuschwören und in ihm den Hauptschuldigen für die Instabilität ihrer Provinz zu erkennen – doch sie fördern damit nur den inneren Widerstand der religiösen Elite.

In seinen besten Zeiten lebten dreitausend Gelbmützen auf dem Klosterberg von Ganden, heute sind es noch vierhundert. Im Rhythmus ihrer Sutras stellen Novizen im Kindesalter Holzdrucke auf Seidenpapier für den Wochenmarkt her. Ältere Mönche haben sich auf einer sonnigen Dachterrasse zur ritualisierten Debatte niedergelassen – nach jedem Einwurf eines Beteiligten klatschen sie in die Hände. Einer der Mönche spricht aus, was alle denken: »Wir alle wollen den Dalai Lama in Ganden wiedersehen.«

Peking aber scheut das Risiko, den Friedensnobelpreisträger einzuladen. Konsultationen mit der Exilregierung in Dharamsala hat es seit Ende der siebziger Jahre immer wieder gegeben, zuletzt im Herbst 1998, als eine private Pilgerreise des Dalai Lama nach China erwogen wurde. Doch im Ernstfall setzten sich bisher die Falken auf beiden Seiten durch. In Dharamsala behaupten sie, daß die chinesische Kolonialisierung eine Million Opfer unter den Tibetern gefordert habe und der »kulturelle Völkermord« bis heute fortdaure. In Peking gestehen sie lediglich die »großen Schäden« ein, die Chinesen in Tibet während der Kulturrevolution verursacht hätten, und bleiben bei dem Märchen von der Befreiung Tibets von Theokratie und Leibeigenschaft.

Auf chinesischer Seite findet man für die Anliegen der Tibeter in Peking oft mehr Gehör als in Lhasa. Außenpolitische Experten in der Hauptstadt wissen, daß die Tibet-Frage ungelöst bleibt, solange der Dalai Lama im Exil lebt. Beim Besuch des amerikanischen Präsidenten Bill Clinton in Peking im Juni 1998 kam Parteichef Jiang Zemin sogar von sich aus auf die Tibet-Frage zu sprechen und äußerte öffentlich den Wunsch nach einem Dialog mit dem Dalai Lama. Allerdings haben die indischen und pakistanischen Atombombenzündungen im gleichen Jahr den Pekinger Entspannungpolitikern den Wind aus den Segeln genommen. Die Fronten im Himalaya sind aus chinesischer Sicht klar: Ein rückständiges, unberechenbares Indien, das China mit der Stimme seines Verteidigungsministers öffentlich zum Feind erklärt, ist kein Partner für eine neue Tibet-Politik. Der Dalai Lama, dem Indien seit vier Jahrzehnten Exil, Schutz und Ehrerbietung gewährt, ist damit ebenfalls bloßgestellt: »In früheren Jahrhunderten waren die Beziehungen zwischen China und Indien nie angespannt gewesen«, schreibt er in seiner Autobiographie. »Erst seit die chinesische Armee in Tibet einmarschiert ist, kam es zu Konflikten zwischen diesen beiden Mächten.« Seine stets eindeutige Parteinahme für Indien, dem er den Dank für ein langes Exil schuldet, empfiehlt den Dalai Lama heute weniger denn je als sicherheitspolitischen Partner für Peking.

In Lhasa spricht der Vize-Präsident des tibetischen Volkskongresses, Pu Qiong, abschätzig von der »Dalai-Clique«, die ihre Bemühungen zur Spaltung Chinas nie aufgegeben hätte. Obwohl er Tibeter ist, hat Pu den buddhistischen Glauben abgelegt. Er mimt den überzeugten Kommunisten, der Reichtum statt Rechte verspricht und immer wieder die Unbrauchbarkeit der Mönche beim wirtschaftlichen Aufbau betont. 46 000 Geistliche und achthundert Klöster gebe es heute wieder in Tibet, sagt er, das decke den Bedarf. »Am Ende werden die Blätter zur Erde fallen«, zitiert Pu ein tibetisches Sprichwort. »Das gilt auch für einen, der seit vierzig Jahren im Ausland lebt.«

Wer so über den Dalai Lama redet, ist für die meisten Tibeter ein Gotteslästerer. Wie ungebrochen das Volk an seiner Religion festhält, zeigt der Andrang vor dem Jokhang-Tempel in Lhasa. Kein Gebetshaus ist den Tibetern heiliger. Vor den weißen Mauern verrichten die Pilger ihr Lama-Gebet. Tausende sind es täglich. Sogar in der Erntezeit strömen die Bauern aus weit entfernten Dörfern herbei, beten für den Dalai Lama und seine Rückkehr. Zwar dürfen dessen Bilder auf chinesischen Befehl nicht öffentlich aufgehängt werden. Doch der Exilregent hat in jedem Tempel sein Ebenbild, den Gott des Mitleids, und in jedem Kloster seinen Aufenthaltsort. Allgegenwärtig ist er.

Der Jokhang-Tempel überlebte die Verwüstungen der Kulturrevolution relativ unbeschadet. In der Versammlungshalle haben sich in gelbe Roben gehüllte Lama-Mönche zum Gebet niedergelassen. Sechzig an der Zahl, die jüngsten kaum volljährig, die ältesten im Greisenalter, hocken sie vor dem heiligsten Buddha Tibets, dem Jobo Shakayamumi, und singen fünf Stunden – ohne Unterbrechung. Ihre Sutras klingen erzählerisch, fast fröhlich. Vorne sitzt der Gebetsführer mit kantiger Brille, dem Dalai Lama zum Verwechseln ähnlich. Unmerklich schwingend, scheinbar in Meditation verfallen, zuckt er bei jedem Taktwechsel jäh auf und verrät seine wachsame Konzentration.

So in sich versunken erlebt man die Mönche nur selten im Jahr. Die Zahl der aktiven Klosterdiener im Jokhang-Tempel ist von den chinesischen Behörden auf 115 begrenzt; den Ansturm der Pilger können sie kaum bewältigen. Für das religiöse Studium bleibt den Geistlichen keine Zeit mehr. Statt früher fünf gibt es derzeit nur noch einen Lehrer; 84 Jahre ist er alt.

Pekings schärfste Waffen im Kampf gegen den Lamaismus sind heute nicht mehr die Umerziehungskampagnen und wahllosen Verhaftungen von Mönchen, sondern die Reformerfolge, die das Land auch in anderen Provinzen verändern. Auf dem Pilgerweg rings um den Jokhang-Tempel reiht sich ein bunter Marktstand an den anderen. So können sich die Gläubigen dabei ertappen, daß sie auf dem heiligen Pfad nach den Waren des chinesischen Wirtschaftswunders schielen. Nicht anders ergeht es der tiefreligiösen Bürgermeisterin von Dadong: »Mein Ziel ist es, das Dorf reich zu machen.«

Genau das wollen die vielen westlichen Tibet-Liebhaber, die im Sommer Lhasa besuchen, nicht hören. Drei junge deutsche Studentinnen, die sich für den Buddhismus interessieren, wundern sich nach drei Tagen in der tibetischen Hauptstadt, daß die sozialen Spannungen zwischen Chinesen und Tibetern nicht offener zutage treten. Einen denkbaren Grund dafür sehen sie in der traditionellen Friedfertigkeit der Tibeter. Der deutsche Entwicklungshelfer Frings hat eine andere Erklärung: »Auch die jungen Tibeter wollen in die Disco. Wer die Kultur dieses Landes erhalten will, sollte die Phänomene der Globalisierung, die hier mit den Chinesen Einzug erhalten, nicht einfach wegreden.«

André Alexander hat seine ganze Karriere für die Pflege der tibetischen Kultur geopfert. Der junge deutsche Baumeister läßt im heiligen Karree des Jokhang-Tempels tibetische Lehmhäuser originalgetreu restaurieren. Nach sechs Jahren mühseliger Überzeugungsarbeit unterzeichnete Alexander im Frühjahr 1998 ein Memorandum of Understanding mit dem Kulturamt Lhasas, das ihm heute die Möglichkeit gibt, mit Hilfe ausländischer Gelder die letzten sechsundsiebzig Altbauten Lhasas zu retten. »Das alte tibetische Bauhandwerk ist kaputt, und seit 1993, dem Jahr meiner Ankunft in Lhasa, wurden pro Jahr durchschnittlich fünfunddreißig historische Gebäude abgerissen«, sagt Alexander. »Noch zwei Jahre in diesem Rhythmus und nichts wäre mehr übrig geblieben.«

Die Baustelle umweht eine mittelalterliche Arbeitsidylle. Vor dem alten Aristokratenbau schwingen traditionell gekleidete Tibeterinnen das Sandsieb. Unter den buntbemalten Fenstern tragen Männer in Stoffschuhen braunen Putz auf den schwarzen Lehm. »Dieses Haus hat eine lange Geschichte. Es gehörte zum Sera-Kloster und ein hoher Lama lebte hier«, sagt der zwanzigjährige Niymatsring, den Alexander als Bauaufseher beschäftigt. Nicht nur die Außenmauern, auch das Plumpsklo wird nach altem Muster wiederhergestellt. »Schon der fünfte Dalai Lama benutzte die Toilette«, berichtet Niymatsring. Man kann sich leicht vorstellen, daß den kommunistischen Stadtbehörden für solche Renovierungsarbeiten lange Zeit das Verständnis fehlte.

Das Durchhaltevermögen, das Alexander mit seinen Plänen unter Beweis stellte, verschaffte ihm das Vertrauen vieler gebildeter Tibeter, die im stillen Zorn mit den Chinesen leben. Seine Eindrücke vom gegängelten Stadtleben in Lhasa hören sich ganz anders an als die von Frings, der täglich mit der Armut auf dem Land kämpft. »Es gibt keinen öffentlichen Raum mehr für die Religion«, bemerkt Alexander. Prozessionen seien verboten. Dem berühmten Potala-Palast, in dem der Dalai Lama einst residierte, sei seine Funktion als Pilgerort genommen worden. Auch der Vorplatz des Jokhang-Tempels werde jeden Tag streng überwacht. Wer dort eine tibetische Flagge hissen würde, käme sofort ins Gefängnis. Nicht von einem kulturellen Völkermord, sondern von einem »kulturellen Auflösungsprozeß« spricht der Deutsche.

Es bleibt jedoch offen, wie weit dieser Auflösungsprozeß von den Chinesen gesteuert ist. Coca-Cola- und Budweiserdosen, die heute als Joint-venture-Produkte chinesisch-amerikanischer Unternehmen nach Tibet eingeführt werden, würden auch ohne Kolonialisierung den Durst vieler Tibeter stillen. Eines aber läßt sich bereits sagen: Den Religionskrieg gegen den tibetischen Buddhismus haben die chinesischen Kommunisten verloren. Jeder »umerzogene« Mönch ist ein potentieller Guerilla-Kämpfer. Vielleicht erweisen sich die Besatzer sogar als unfreiwillige Retter eines bis vor vierzig Jahren nach altertümlicher Gewohnheit verwalteten Glaubens. Erst das Exil machte aus dem Dalai Lama einen Demokraten und Friedensnobelpreisträger mit Autorität in der ganzen Welt. Käme er aber eines Tages doch noch nach Hause, würden sich viele Tibeter wundern. »Sex sieht nach einer Menge Ärger und Anstrengung aus«, verriet er 1998 einer deutschen Wochenzeitung. Redet so ein Mönch, der eigentlich gar kein Mensch ist? Die Tibeter warten auf Avalokiteshvara und den Tag, an dem die Pekinger Militärs, die immer noch Lhasa regieren, durch Shanghaier Investoren ersetzt werden.

# Shanghai

*Das Hongkong des 21. Jahrhunderts?*

**Wolkenkratzer sind nichts Neues** für Shanghai. Errichtet im Art-déco-Stil während der ersten Jahrhunderthälfte, überragen sie Shanghais altes Finanzviertel Puxi auf der rechten Seite des Huangpu-Flusses. Den Kunstvernarrten gelten die Hochhäuser von damals als Denkmäler. So finden heute Chinas größte Kunstauktionen in Puxi statt.

Manchmal sind Kunstpreise aussagekräftiger als Aktienpreise. Das gilt allemal für ein Shanghai, in dem Galerien freier als Wertpapierhäuser operieren. Deshalb ist der Andrang der Neureichen und Firmenvertreter jedesmal groß, wenn die renommierte Shanghai International Auction Corporation zur Versteigerung lädt. Selbst wenn es um Teekannen geht.

Durch das schwere Holzportal eines Backsteinbaus, den einmal ein englisches Handelshaus errichten ließ, strömen dunkel gekleidete Männer mit Handy und Zigarre, die nicht nach Kunstexperten aussehen. Mit steifer Würde übergibt eine Dame mittleren Alters im rosa Bikini das Auktionsprogramm. Die Gäste würdigen die Halbnackte keines Blickes. Statt dessen starren sie auf das Hauptversteigerungsstück: eine plumpe, sechzig Zentimeter hohe Tonkanne, die ein kalligraphisch umgesetzter Partei-Slogan dekoriert. So gering der künstlerische Wert des Objekts, so hoch sein politischer. Die Mutter eines führenden Hongkonger Politikers hat die Schriftzeichen in schwarzen Ton eingraviert. Das reicht als Anlaß, damit auch das Fernsehen aus dem Auktionshaus berichtet.

Für den Kung-Fu-Lehrer Lou Cheng Zhi, einen eleganten Mann im Seidenanzug, dem bei der Versteigerung die Rolle des Sicherheitsmannes zufällt, ist der Ausgang der Veranstaltung im vorhinein klar: »In Shanghai gibt es die größten Unternehmen Chinas. Volkswagen und Sony, alle sind hier. Eines von ihnen wird sich die Kanne schnappen und daraus gleich eine Werbeaktion im Fernsehen machen.« Und so geschieht es: 250 000 Yuan – mehr als 50 000 Mark – bietet eine Speditionsfirma für die Megateekanne. Das Fernsehen filmt den Käufer, während ein paar ältere Herren, die etwas von Teekannen verstehen, kopfschüttelnd das Auktionshaus verlassen.

Solche Erlebnisse plagen nicht nur Teekannenliebhaber im Paris des Ostens. Finanz- und Industriemanager aus aller Welt interessiert, was Shanghai, außer einem Gespür für Gigantomanie, kulturellem Flair, Art-déco-Architektur und einer berauschenden Geschichte, wirklich zu bieten hat. Schon haben von den hundert größten Industriekonzernen der Welt neunundfünfzig in der Stadt investiert. Doch seit Beginn der Asienkrise im Sommer 1997 gilt: Jede in Shanghai investierte Mark muß umgedreht werden. Das Gründerfieber der ersten Reformjahre ist vorbei. Da kommt die Boomtown an der Yangtse-Mündung mit ihren leerstehenden Bürotürmen, halbfertigen Autobahntrassen und teuren Teekannen schnell in den Verdacht, auf hölzernen Füßen zu stehen.

Westliche Reiseführer beschreiben Shanghai oft als »aufregendste Stadt Asiens«, Gelegenheitsbesucher lassen in ihren Berichten den Glanz alter Kolonialzeiten wiederaufleben. Doch vor Ort widersprechen selbst die am besten verdienenden ausländischen Manager: »Von dem, was wir unter Lebensqualität verstehen, ist wenig da«, gesteht Adolf Schittenhelm, Filialleiter der Commerzbank in Puxi. Für ihn ist Shanghai trotz aller Aufbaueuphorie schlicht eine arme Stadt. Nur die Hochhausfassaden sähen aus wie im Westen.

Richard Graham, Engländer und Leiter des holländischen Wertpapierhauses ING Barings in Shanghai, urteilt härter:

»Vergleichen Sie einmal Shanghai mit Hongkong. Nicht viele Leute hier wissen, daß Hongkong achtmal so viele Container und dreimal so viele Flugzeugpassagiere abfertigt.« Shanghai sei nur die reichste chinesische Provinzmetropole, während die Sonderverwaltungszone Hongkong Weltstandard erreiche, sagt Graham. Dennoch wagt auch der Wertpapierexperte nicht zu prophezeien, welche der beiden Städte Finanz- und Industriezentrum des einundzwanzigsten Jahrhunderts wird. Denn nicht alles spricht gegen die Dreizehnmillionenstadt an der Yangtse-Mündung.

Die Shanghaier Mischung aus nationaler Folklore, kapitalistischem Hochglanz und populärer Begeisterung wird von den Regierenden in Peking systematisch gefördert. Für sie ist Shanghai zum Aushängeschild ihrer Reformpolitik geworden. Vorbei die Zeiten, als das industriell entwickelte Shanghai den Pekinger Politikern nur als leicht zu melkende Steuerkuh diente. Das änderte sich mit dem Shanghai-Besuch Deng Xiaopings im Jahr 1992. Der Patriarch bedauerte, die damals abgewirtschaftete Metropole am Yangtse so lange vernachlässigt zu haben. Die Worte wirkten wie ein Weckruf für das alte, aktive, aggressive Shanghai. Seitdem sind 1100 neue Hochhausbauten mit mehr als neun Stockwerken entstanden. Die Wachstumsrate sprang von fünf Prozent Ende der achtziger Jahre auf fünfzehn Prozent Mitte der neunziger, bevor sie im Zuge der Asienkrise wieder auf zehn Prozent absackte. Doch auch zur Jahrtausendwende zählt die Stadt noch 20 000 Baustellen. Und viel wichtiger: Die größte Börse Chinas, mit Ausnahme Hongkongs natürlich, öffnete 1998 in Shanghai ihre Pforten.

Fast ebenso schnell wie die Wolkenkratzer wuchsen die Erwartungen an die Zukunft Shanghais. Man erinnert sich: 1933 stammten einundfünfzig Prozent der chinesischen Industrieproduktion aus Shanghai. »Kleines Shanghai« lautete damals der gutgemeinte Spitzname Hongkongs. Könnte der Spieß, der sich seitdem zugunsten Hongkongs gedreht hat, nicht wieder umgekehrt werden? »Ein Grund, warum es

Spaß macht, in Shanghai zu leben, ist der Überlegenheitskomplex dieser Stadt«, bemerkt Richard Graham.

Der Shanghaier Hochmut gründet auf der Epoche des Kolonialismus. Wo vor zweihundert Jahren Flußwiesen grünten, entstand mit Ankunft der Engländer die erste industrielle Metropole des Kaiserreichs. Reiche Abenteurer zog es nach Shanghai, als der Wilde Westen außer Mode geriet. Die jüdischen Familien Sassoon und Kadoori, deren Namen denen der Rothschilds und Rockefellers in New York um nichts nachstanden, ließen am Huangpu Prachtbauten aus Marmor errichten, während das kaiserliche Peking dahinsiechte. Immer schien Shanghai vorn zu liegen: Auch als Mao im Juli 1921 das erste Delegiertentreffen der Kommunistischen Partei Chinas in der Rue Wantz innerhalb der französischen Konzession besuchte. Je schlimmer das Leid der chinesischen Fabrikarbeiter, unter ihnen Hunderttausende von Frauen und Kindern, desto größer war nun die Hoffnung auf die Revolution.

Doch alles kam anders als gedacht. Mao siegte nicht in den Städten, sondern in den Bergen und eroberte von dort aus erst Peking und zuletzt Shanghai. Als die Nationalisten unter Chiang Kaishek im Mai 1949 nach Taiwan flüchteten, war die einstige Kolonialistenhochburg am Huangpu den neuen Herrschern ein Dorn im Auge. Sie galt als größenwahnsinnig, verlottert und profitsüchtig. Vierzig Jahre lang schadete dieser Ruf der Stadt, bevor er ihr wieder nützte.

Sinnbild der neuen Shanghaier Vermessenheit ist der Fernsehturm »Orientalische Perle«. Für entsetzte Besucher ein phallisches Ungeheuer von monumentaler Häßlichkeit, für die Einheimischen hingegen Teil des Traums, daß eines Tages in Shanghai ein zweites Manhattan entstehen möge.

Westlich orientierte Chinesen wie die Börsenexpertin Li Qian weisen Kritik an einer kommunistischen Baukunst Marke Berlin-Alexanderplatz zurück: »Der Fernsehturm symbolisiert unsere wiedergewonnene Machtstellung. Außerdem erfüllt er wichtige Telekommunikationsdienste.« Wer ihr nicht glaubt, dem deutet sie den Manhattan-Traum zur Wahrheit um: »Shanghai ist wie New York eine Immigrantenstadt. Nach New York kommen die Leute aus der ganzen Welt, nach Shanghai kommen die Leute aus ganz China.« Li Qian meint es gut mit der Stadt, mit der sie gemeinsam reich werden will.

Shanghaier wie sie kommen aus der Provinz, waren Beste eines Schuljahrgangs, gaben alles fürs Studium, um einen Bürostuhl in Börsennähe zu ergattern und jeden Monat eine Überweisung an die Eltern aufzugeben, die Analphabeten geblieben sind. Die zugewanderten Shanghaier stört es nicht, wenn ihre Neubausiedlungen rosa gestrichen werden. Sie finden es sogar schön. Es ficht sie nicht an, wenn Restaurants wie Discos grell beleuchtet sind und die Langusten im Blaulicht schimmern. Ihnen schmeckt es um so besser.

Vieles in Chinas Großstädten, von den Hotels bis zur Straßenbeleuchtung, von den Großkaufhäusern bis zu den Fußgängerbrücken, wirkt in westlichen Augen geschmacklos und häßlich. Zu viel nackter Beton neben golden verchromten Fassaden. Zu opulente Bauten mit bröckelndem Putz. Gerade von Shanghai, der Perle des Orients, erwarten Westler mehr. Entweder vermissen sie das ganz große internationale Geschäft oder sie klagen, Shanghai sei ein wenig provinziell geworden. Damit aber hängen sie der Vergangenheit nach, als Shanghai Weltstadt war, und ignorieren die Bedingungen, mit denen eine Metropole in einem Entwicklungsland zu kämpfen hat.

An ein paar Orten, immerhin, versucht Shanghai seiner Zeit zu enteilen. Das gilt für die modernen Fußgängerzonen, die in der Innenstadt zum Verweilen in Terrassencafés einladen, dem im Tokioter Stil erbauten Printemps-Kaufhaus an der Huaihuai-Straße, aber auch für die neue Börse im Stadtviertel Pudong auf der linken Seite des Huangpu-Flusses. Früher, das heißt vor 1992, bestand Pudong aus einer Straße, der Pudong Avenue, Fabriken und Feldern. Heute gilt Pudong als Finanzzentrum der Zukunft und zählt 250 Gebäude mit mehr als zwanzig Stockwerken. Das auffälligste von ihnen ist das neue Börsengebäude: ein von kanadischen Architekten nach dem Vorbild der Pariser Triumphbogenimitation La Défense entwickelter Torbau. Für ein China, wo Hochhäusern noch Tempeldächer aufgesetzt werden, der chinesischen Prägung wegen, wirkt das neue Wahrzeichen von Pudong geradezu selbstvergessen. Der leitende Bauingenieur Gu Zhenghong steht dazu: »Tempeldächer auf Hochhäusern sind furchtbar. Und wenn unser Bau westlich aussieht, ist das nur gut für eine moderne Stadt.«

Hinge die Zukunft Shanghais nur an den Ingenieuren, Architekten und Bauarbeitern – auf sie wäre Verlaß. Stolz erklären die von Gu beauftragten Angestellten einer Innenausbaufirma, wie sie deutsche Metalldecken der Firma Hartleif aus Hockenheim am Dach des größten Börsensaals der Welt befestigen. Eine Telephonnummer aus Deutschland haben die Arbeiter auch parat. Und der badische Familienunternehmer Karl-Heinz Hartleif bestätigt mit Nachdruck, daß die Chinesen heute in Städten wie Shanghai hochwertiger bauen als die Deutschen. Anteilmäßig werde in herkömmlichen chinesischen Großbauten wie Büro- und Kaufhäusern mehr Metall eingesetzt als in Deutschland. Es ist also wohl doch kein Billig-Manhattan, das in Shanghai entsteht.

Nur wie soll es weitergehen, wenn der Bauboom vorüber ist? Der weltoffenen Stadt fehlt eine voll konvertible Währung. Die siebenundvierzig ausländischen Banken, die sich am Huangpu niedergelassen haben, dürfen immer noch keine rein chinesischen Unternehmen bedienen. Und der schönen neuen Börse geht es schlecht, seit die Asienkrise die Anleger vergrault. Ohnehin ist der Aktienmarkt bisher nur ein Experiment für die Regierenden in Peking. Interessante Wertpapiere gibt es bisher nur für Chinesen. Die Börse für Ausländer ist dagegen klein und kaum attraktiv. Das alles und noch viel mehr muß sich ändern, wenn Shanghai das führende Finanzzentrum Chinas werden will.

Viele Eigenschaften der Küstenmetropole aber werden fortbestehen, auch wenn die großen multinationalen Unternehmen ihre Investitionen in Shanghai zukünftig sorgfältig abwägen werden. Außergewöhnlich an dieser Stadt war stets mehr als nur ihr Reichtum. Außergewöhnlich waren immer auch ihre Schattenseiten, und eine davon heißt Hongkou.

Dieser Stadtteil liegt noch in Sichtweite des berühmten Bundufers mit seiner unversehrten Zeile neogotischer Bürohochhäuser. Hier aber verblaßt der Glanz der Metropole. Hongkou ist ein Hafenviertel, mit heruntergekommenen Kolonialbauten, so bunt und dreckig, daß die Stadtplaner gleich ganze Straßenzüge niederwalzen wollen. Nur die Ärmsten unter den Armen steigen nördlich des Huangpu ab, die Seefahrer, die Wanderarbeiter, die Landflüchtlinge – heute genauso wie vor fünfzig Jahren.

Hongkou war damals ein jüdisches und auch ein deutsches Viertel. Die Kinder im Haus Nummer 59 an der Zhoushan-Straße wissen das. »Es war gut, daß die Juden früher in unserem Haus leben durften«, sagt die sechzehnjährige Schülerin Xu Shenghao. Sie kennt die Geschichte ihres Stadtteils. »Es waren doch arme Menschen«, pflichtet ihre Freundin Yu Yin bei, »denn die Juden wurden von den Deutschen gejagt.« Xu und Yu erinnern an das chinesische Exil von zwanzigtausend, vielleicht sogar dreißigtausend Juden, die zwischen 1933 und 1941 vor ihren nationalsozialistischen Verfolgern nach Shanghai geflüchtet waren, um in den Slums von Hongkou den Faschismus zu überleben. Die meisten von ihnen kamen aus Deutschland.

Die Situation war dramatisch, aber einfach: Von allen Ländern und Städten der Welt bot nach der Reichskristallnacht 1938 nur noch Shanghai, das unter Verwaltung der Kolonialmächte stand, den Juden eine visa- und auflagenfreie Einreise an. »Was Shanghai für die Juden getan hat, hat damals niemand auf der ganzen Welt getan«, unterstreicht Ora Namir, ehemalige Arbeitsministerin unter Jitzhak Rabin und seit 1996 Israels Botschafterin in Peking. »Hätten nur mehr Juden von Shanghai gewußt, wären viel mehr gekommen und hätten viel mehr überlebt.«

Hongkou hat sich wenig verändert. In den schäbigen altenglischen Ziegelbauten, die einst den Kern des jüdischen Viertels bildeten, wohnt heute das chinesische Proletariat. Auf drei Etagen hausen zehn Familien. Türen, Fenster und Treppenhaus wurden seit Beginn des Jahrhunderts nicht erneuert. Wie früher die Juden, so kochen heute die Chinesen im Erdgeschoß und benutzen ein gemeinsames Bad. »Wir leben im Übergang«, klagt die pensionierte Textilarbeiterin Zhe Lianfang. An die Juden erinnert sich die achtundsechzigjährige Frau gerne: »Shanghai war freier als andere Städte. Deshalb konnten wir freundlich zueinander sein.«

»Klein-Wien« nannte man damals die Zhoushan-Straße, weil dort, wo heute Nudeln mit Tofu verkauft werden, jüdische Bäcker ihre Ware anboten. Chinesen und Juden lebten auf engstem Raum zusammen. »Wir konnten nicht verstehen, weshalb unsere jüdischen Nachbarn zwei Hunde durchfütterten, wo wir alle nichts zu essen hatten«, lacht der zweiundsiebzigjährige Zhou Qinshan, der an Hundefleisch – zumal im Krieg – nichts auszusetzen gehabt hätte. Der pensionierte Bauingenieur lebte in seiner Jugend zehn Jahre lang mit den Flüchtlingen in einer Straße. Stundenlang kann der Alt-Shanghaier über die Juden erzählen, die keinen Reis aßen und ihren Kindern im Winter kurze Hosen anzogen. Im Huoshan-Park von Hongkou, in den die Alten vor der Sommerhitze flüchten, findet sich schnell eine Schar Zuhörer. »Die ersten Juden, die zu uns ins Viertel kamen, waren reich. Sogar dieser Park gehörte ihnen. Aber dann änderten sich die Bedingungen. Im Krieg war der Lebensstandard von Chinesen und Juden etwa gleich«, sagt Zhou. Gemeinsamkeiten zwischen Juden und Chinesen im Zweiten Weltkrieg sieht auch der achtundsiebzigjährige Wang Faliang, ein ehemaliger Motorenfabrikarbeiter aus Hongkou, der die Kriegsjahre im Judenghetto verbrachte: »Die Juden wurden von Hitler verfolgt, und die Chinesen von den Japanern. Wir konnten ihnen nicht helfen, und sie uns nicht. Aber wir sympathisierten miteinander, weil wir gemeinsam litten.«

Chinesische Historiker überrascht es nicht, daß sich viele Menschen in Shanghai mit Sympathie an die jüdischen Flüchtlinge aus Nazideutschland erinnern. »Juden leben seit tausend Jahren in China. Es gab und gibt hier keinen Antisemitismus«, behauptet der Direktor des jüdischen Zentrums in Shanghai, Pan Guang.

Allerdings sind die chinesischen Juden des Mittelalters heute beinah ausgestorben. Ihre Geschichte reicht bis ins zehnte Jahrhundert zurück, als ihnen die Herrscher der aufgeklärten Song-Dynastie ein eigenes Viertel in der damaligen Kaiserstadt Kaifeng zuwiesen. Dort, am Gelben Fluß in der Provinz Henan, steht heute eine mächtige katholische Kirche, die vor achtzig Jahren von italienischen Missionaren errichtet wurde. Von ihrem Portal sind es nur wenige Schritte bis zu der kleinen, ungepflasterten Gasse, die seit Jahrhunderten einen besonderen Namen trägt: »Gasse der Thora-Lehre« (Nan Jiao Jing Hutong) verkündet ein verrostetes Straßenschild. Hier wohnt im Haus Nummer 21 die letzte Jüdin von Kaifeng.

Im Hof ist Kohle gestapelt. An der Haustür lehnt ein Besen aus zusammengebundenem Bambus. Drinnen muß es kalt sein, denn die Fenster der niedrigen Steinhütte sind nur mit Plastikfolie geschützt. Cui Shuping kocht gerade das Mittagessen aus Reis und Spinat. Wie alle Kaifeng-Juden der letzten Jahrhunderte unterscheidet sich die alte Frau äußerlich nicht von ihren chinesischen Mitbürgern. Cui wurde zudem nicht als Jüdin geboren. In jungen Jahren heiratete sie in die jüdische Familie ihres 1995 verstorbenen Mannes ein und übernahm von ihm den jüdischen Glauben. »Vor tausend Jahren, am Ende des zehnten Jahrhunderts, kamen die Juden aus Israel nach China, um dem Kaiser ihre Geschenke zu bringen«, erinnert sich die zweiundsiebzigjährige pensionierte Steuerbeamtin an die Vorfahren ihres Mannes.

Im Hinterhof des Hauses Nummer 21 stand einst die jüdische Synagoge von Kaifeng, bis eine Überschwemmung sie zerstörte. Übriggeblieben ist ein alter jüdischer Stern, der jetzt Cuis Hausaltar schmückt. »Seit dem Sturz des Kaiserreichs hat sich in unserem Stadtbezirk wenig verändert«, berichtet sie und nimmt vorsichtig eine in Hongkong verfaßte jüdische Enzyklopädie aus der Altarschublade. Dann zeigt sie auf das Photo eines Gedenksteins: »Auf dem Stein ist die Geschichte der Juden eingehauen. Er ist sehr alt und gehört unserer Familie. Leider läßt sich das jüdische Erbe in Kaifeng nicht mehr erhalten. Ich bin hier die letzte, die es pflegt.«

Die zweite Welle jüdischer Emigranten nach China erreichte zu Beginn des zwanzigsten Jahrhunderts die Mandschurei. Über zehntausend weißrussische Juden flohen im russischen Bürgerkrieg nach Harbin, der heutigen Hauptstadt der chinesischen Provinz Helongjiang. Anfang der dreißiger Jahre besetzten japanische Truppen die Mandschurei, und Harbin kam unter japanische Verwaltung. Aus dieser Zeit resultierte eine gute Zusammenarbeit zwischen der jüdischen Flüchtlingsgemeinde und den japanischen Besatzungsbehörden. Sie führte dazu, daß Japan trotz seines Bündnisses mit Nazideutschland den Juden bis 1945 körperliche Unversehrtheit garantierte. Und das obwohl SS-Oberst Josef Meißinger, der berüchtigte »Schlächter von Warschau«, im Juli 1942 nach Shanghai reiste, um den Befehlshabern des Tenno seine Pläne zur Vernichtung der jüdischen Flüchtlinge in Hongkou zu präsentieren.

Die Geschichte der Juden in China, von der kleinen Glaubensgemeinschaft in Kaifeng, die in fremder Umgebung die Jahrhunderte überlebte, bis zur letzten Auswanderungswelle im Zweiten Weltkrieg nach Shanghai, ist in den letzten Jahren gut dokumentiert worden. Der Wissenschaftler Pan Guang und sein kleines hebräisches Institut an der Shanghaier Sozialakademie trugen wesentlich dazu bei. Für ihre Arbeit gab die Aufnahme diplomatischer Beziehungen zwischen China und Israel im Jahr 1992 den entscheidenden Anstoß: »Vorher war es für uns schwierig, israelische Wissenschaftler zu kontaktieren. Seither können wir uns der Besucher aus Israel kaum erwehren«, berichtet Pan. Ebenso intensiv sei die Zusammenarbeit mit jüdischen Akademikern in Amerika. Nach

Deutschland unterhalte man keine wissenschaftlichen Kontakte.

China und Israel haben in Shanghai ein Stück gemeinsamer Geschichte entdeckt. Beide sehen sich als Opfer: »Der Antisemitismus ist eine singuläre historische Erscheinung. Aber Juden und Chinesen haben im Zweiten Weltkrieg ähnliche Erfahrungen gemacht«, formuliert Pan das gemeinsame Opferbewußtsein, wobei er die Einzigartigkeit des Holocaust nicht in Frage stellen will. »Juden und Chinesen verbindet ein Bewußtsein für die Leiden beider Völker in der Geschichte«, betont auch Ora Namir. Zum sechzigsten Jahrestag des Nanking-Massakers, bei dem japanische Truppen im Herbst 1937 nach chinesischen Schätzungen annähernd 300 000 Menschen ermordeten, fand eine von Israel unterstützte Holocaust-Ausstellung in der Gedenkstätte des Völkermords von Nanking statt.

Annähernd tausend jüdische Flüchtlinge starben in Shanghai bis Ende 1944 an Unterernährung und Krankheiten. Doch bei weitem die Mehrheit überlebte: darunter der Komponist Alfred Wittenberg, der spätere amerikanische Finanzminister Michael Blumenthal, ursprünglich ein Berliner, der kürzlich als Direktor des neuen Jüdischen Museums in seine Heimatstadt zurückkehrte, und zweihundert polnische Rabbiner. Mindestens zehntausend deutschen Staatsbürgern rettete das chinesische Exil das Leben.

Nicht weit vom Huoshan-Park, in dem eine Gedenktafel an die jüdischen Flüchtlinge erinnert, liegt die alte Synagoge des Viertels hinter einer Motorradwerkstatt und einer Druckerei versteckt. Sie wurde 1927 von Juden aus Weißrußland errichtet, die von Harbin nach Shanghai weitergezogen waren. Der schwere rote Ziegelbau mit seinen wuchtigen Portalen ist gut erhalten. Seit einigen Jahren betreiben Chinesen und Israelis hier gemeinsam ein kleines Museum, das jeder israelische Politiker, der durch die Stadt reist, besucht. Prominenter deutscher Gäste aber konnte sich der Museumskurator bislang nicht erinnern. Vielleicht paßt die jüdische Geschichte Shanghais einfach nicht zu unseren westlichen Vorstellungen vom Paris des Ostens: Exotisch und fern soll diese Stadt anscheinend bleiben, aber unmöglich Teil unserer Geschichte werden.

Um wegzukommen von den Klischees und in das extravagante Nachtleben in Puxi und Pudong gar nicht erst einzutauchen, nimmt man die neue U-Bahn bis zur Endstation im Süden. Der neue Campus der alten Eliteuniversität Jiaotong liegt weit außerhalb der Stadt. Entlang riesiger Industriegebiete, die sich mit Feldern abwechseln, auf denen Bauern mit Strohhut im Matsch der Reisfelder Handarbeit verrichten, rollt der Uni-Bus bis vor eine moderne Bibliothek, von deren Panoramaterrasse im sechsten Stock man auf den fernen Dunst der Großstadt zurückschaut. Von wo, wenn nicht hier, läßt sich das Phänomen Shanghai erfassen und seine Zukunft denken? Drei Karrierefrauen aus dem besten Postgraduiertenprogramm der Republik machen es vor.

Li Renjie, die jüngste und ungeduldigste unter den angehenden Managerinnen, stammt aus dem nahen Nanking, arbeitete nach dem Studium für ein chinesisches Wertpapierhaus und könnte, wie sie sagt, längst an der Wall Street tätig sein. »Die Volkswirtschaft profitiert vom Luxus«, ruft sie, als ihre Kommilitoninnen die ungerechte Einkommensverteilung zwischen Chinas Küste und dem Hinterland abwägen. Li hat ihre Wahlheimat bereits gefunden: »Peking ist zu politisch, und in Hongkong arbeitet man wie die Japaner. Ich arbeite, um zu leben. Deshalb bleibe ich in Shanghai. Wozu ins Ausland gehen, wenn alle Welt zu uns kommt?«

Xu Wenlin aus Ningbo auf der anderen Seite der Yangtse-Mündung ist vorsichtiger. Mit einer Ingenieursausbildung und Erfahrungen in einem Handelshaus vertraut sie weniger aufs schnelle Finanzgeschäft als auf den langsamen Aufbau einer modernen Volkswirtschaft. Ihr Vorbild ist Japan. Wie das Inselreich sei Shanghai stark in den traditionellen Industriebranchen: Auto, Chemie und Elektronik. »Auf Kapital und

Arbeitskraft kommt es an. Shanghai verfügt über eine Million gut ausgebildeter Techniker. Nirgends in China wird härter gearbeitet als bei uns.«

Das sieht die Literatur- und Sprachenstudentin Qian Li anders: »Shanghai bedeutet Lebensstil und Kultur«, meint die einzige gebürtige Shanghaierin im Kreis der drei Studentinnen. Drei Jahre Managementtätigkeit in einer Kosmetikfirma hat Qian bereits hinter sich. »Wir Shanghaier sind offen, klug, arrogant und selbstverliebt, deshalb sind wir auch sehr modebegeistert.« Ihr kann der Prioritätenwechsel von den Existenzsorgen der Elterngeneration zum Modebewußtsein der Jugend nicht schnell genug gehen.

Man hört den drei Frauen gerne zu. Ihre Weltläufigkeit ist nicht vorgetäuscht. Sie sagen offen ihre Meinung. Trotz aller Rückschläge in der Asienkrise scheint ihre Zukunft gesichert. Ob sie nun eines Tages ein chinesisches Unternehmen durch globale Unwetter führen oder als Gattin eines roten Barons verkümmern werden – darüber läßt sich noch keine Prognose treffen. Shanghai muß diesmal seinen eigenen Weg finden.

# China und Japan

*Die unheimlichen Geschwister*

**Die Frage kommt unweigerlich.** »Wie hast Du Dich als Japanerin in China eingelebt?« Niemand fragt Georg, wie er sich als Deutscher in China fühlt. Denn es geht den Leuten nicht um Alltäglichkeiten. Ob deutsche, japanische oder chinesische Freunde: Alle wollen wissen, wie schwer man als Japanerin in China an der Bürde der japanischen Weltkriegsgeschichte schleppt. Und wehe man antwortet, es gehe einem prima und das Leben in China sei viel spannender als in Japan. Niemand von unseren intellektuellen Bekannten würde sich damit zufriedengeben.

Natürlich sind Japaner in China nicht sonderlich beliebt. Sie gelten als unnahbar und verschlossen, wenn nicht gar als hinterhältig und gemein. Ein Grund dafür sind Schwierigkeiten bei der ersten Begegnung: Wenn zwei Chinesen im Flugzeug nebeneinandersitzen, erzählen sie sich schnell ihre ganze Lebensgeschichte. Sitzen zwei Japaner zusammen, werden in aller Regel nur Höflichkeiten und Visitenkarten ausgetauscht. So empfinden viele Japaner die direkte Art der Chinesen als rüde und unfein, während die Chinesen hinter der Zurückhaltung der Japaner meist nichts Gutes vermuten. Das erschwert nicht zuletzt die gemeinsame Geschichtsaufarbeitung ungemein. Denn viele Japaner, denen es schwerfällt, offen über den Krieg zu reden, empfinden gleichzeitig Schuld- und Schamgefühle. Und viele Chinesen, die die Japaner geradewegs als unmoralisch und gefährlich bezeichnen und den japanischen Gesprächspartner damit verprellen, hegen bei Nachfragen überraschend viel Interesse für Kultur und Leistungsfähigkeit des Inselvolks.

Gleichwohl läßt sich das Geschehene nicht wegreden. Ein halbes Jahrhundert lang, zwischen dem ersten chinesisch-japanischen Krieg 1895 und dem Ende des Zweiten Weltkriegs, trat Japan gegenüber China als eine aggressive Kolonialmacht auf, deren Brutalität keine Grenzen kannte. Bis heute sind die Erinnerungen der Chinesen an Massaker, Vergewaltigungen und andere Kriegsverbrechen der Tennoarmeen im Zweiten Weltkrieg lebendig geblieben. In allen Farben und zu jeder Sendezeit zeigt das chinesischen Fernsehen Kriegsfilme, in denen die böse japanische Soldateska erbarmungslos wütet, und das leidende chinesische Volk den Sieg nur unter größten Entbehrungen davonträgt. Daß sich die japanische Regierung lange Zeit sträubte, klare Entschuldigungen für ihre Kriegstaten auszusprechen, und einige japanische Politiker mit dem Massaker von Nanking auch heute noch das schlimmste aller japanischen Kriegsverbrechen leugnen, trägt wesentlich dazu bei, daß viele gebildete Chinesen den Japanern weiterhin Heimtücke und Unaufrichtigkeit unterstellen. Nur ganz selten kommt es vor, daß Chinesen aus eigenem Antrieb Respekt vor den Errungenschaften der japanischen Nachkriegsdemokratie bekunden. Durchaus typisch verlief der historische Japan-Besuch des chinesischen Präsidenten Jiang Zemin im Herbst 1998. Während seines Aufenthalts in Japan thematisierte Jiang fast ausschließlich das aus seiner Sicht korrekte Geschichtsverständnis. Der erhoffte Dialog fand einmal mehr nicht statt.

Umgekehrt schlägt auch Chinesen in Japan nur in seltenen Fällen offene Sympathie entgegen. Historisch gesehen war China für Japan immer ein großer Bruder. Der kulturelle Einfluß vom Kontinent prägte das Inselreich über die Jahrhunderte: Konfuzianismus, Buddhismus und zahlreiche Schriftzeichen wurden aus China eingeführt und übernommen. Als die Tang-Dynastie (618–907) im Reich der Mitte herrschte, schickte Japan regelmäßig junge Leute zum Studium nach China.

Doch wie üblich unter Geschwistern, wurde der kleine

Bruder eines Tages zum großen Rivalen. Im 19. Jahrhundert kam Japan mit dem vom Westen aufgezwungenen Modernisierungprozeß schneller voran und trotzte der Gefahr der Kolonialisierung, um daraufhin selbst am Kampf der Großmächte teilzunehmen. Militärische Siege über das zuvor vom Westen gedemütigte China und die spätere Kolonisierung weiter Teile des ehemaligen Kaiserreichs führten zu jener Mischung aus Hochmut und Verachtung gegenüber dem großen Bruder, die zu Kriegszeiten in grausamen Barbarismus umschlug und bis heute eine Neuorientierung an China verhindert.

Damit ist aber nicht alles gesagt. Aus der alten Feindschaft resultiert heute ein gegenseitiges Unbehagen, welches das weit kompliziertere Geschwisterverhältnis verdeckt. Man muß im chinesischen Fernsehen nur umschalten. Dann begegnet einem statt der alten, schlecht gedrehten Kriegsgreuel das moderne, teuer inszenierte Liebesleben in Japan. Tokioter Großstadtkultur, vermittelt über japanische TV-Serien, in denen kluge Detektive komplizierte Fälle aufklären und junge Frauen ihren eigenen Weg gehen, findet beim neuen chinesischen Mittelklassepublikum großen Anklang.

So wie sich viele unserer Bekannten bei Georg nach Franz Beckenbauer erkundigen, dem offenbar berühmtesten Deutschen in China, werde ich regelmäßig nach einer japanischen Schauspielerin befragt, deren Mythos daher rührt, daß sie sich nach ihren ersten Erfolgen in den siebziger Jahren ins Familienleben zurückzog und seither auf das von allen herbeigesehnte Comeback verzichtet. Momoe Yamaguchi (ihr chinesischer Name lautet: Shankou Baihui) ist der Liebling der japanischen Boulevardpresse, und ich wünschte manchmal, ich hätte eine solche Zeitung in Peking abonniert, um das Interesse unserer Gäste an den kleinsten Wendungen ihres Schicksals befriedigen zu können. Die Frau ist immerhin die erste Japanerin, die es geschafft hat, die Chinesen wirklich zu faszinieren.

Nicht nur Film und Pop bauen Hemmschwellen ab. Japanische Journalisten bilden unter den ausländischen Kollegen in Peking die auffallend größte Gruppe. Kein anderes Land schickt so viele Studenten nach China wie Japan, und von nirgendwo anders kommen so viele Touristen. Selbst bei den Auslandsehen führen die Japaner in China die Statistik an.

Trotz der deutlich antijapanischen Tendenzen in nahezu allen offiziellen Medien, lassen mich die Chinesen im Alltag eine allgemeine Kritik an Japan nicht spüren. Nachbarn und Fremde, denen ich in Peking beim Einkaufen oder im Park begegne, reagieren sogar meist positiv auf meine Staatsangehörigkeit: »Japan ist ein reiches Land«, sagen sie und fragen: »Stimmt es, daß Japan so ein sauberes Land ist?« Viele freuen sich, daß unsere kleine Tochter gut Chinesisch spricht und unterhalten sich mit ihr. Nachdem die NATO die chinesische Botschaft in Belgrad bombardiert hatte, sagte ein Nachbar: »Gut, daß Du aus Japan und nicht aus Amerika kommst. China und Japan sind schließlich beide asiatische Länder. Wir haben zwar eine traurige Geschichte und mußten gegeneinander kämpfen. Aber wir Asiaten verstehen uns doch gut.«

Hans Magnus Enzensberger beschrieb sein Europa-Gefühl einmal damit, daß er sich bereits in Stockholm oder Barcelona zu Hause wisse, wenn er aus anderen Kontinenten heimkehre. So geht es heute vielen Chinesen, die Amerika besuchen und in aller Regel in Tokio einen Zwischenstopp einlegen. Gesichter und Schriftzeichen der Japaner wirken auf sie dann plötzlich sehr vertraut.

Doch Freundlichkeiten und Vertrauen hören sofort auf, wenn die Politik ins Spiel kommt. Im Zug der Proteste gegen die NATO-Bombardierung tauchte ziemlich zusammenhangslos auch die Kritik an Japan wieder auf: Amerika und Japan, hieß es, verstärkten ihr Militärbündnis und zielten damit auf China. Die demonstrierenden Studenten forderten dazu auf, nicht nur den amerikanischen, sondern auch den japanischen Imperialismus zu bekämpfen. Gemeint war damit nicht der wirtschaftliche Expansionismus Japans, über den sich trotz aller Vorteile, die China im Handel mit Japan einfährt, durchaus streiten läßt. Stattdessen wähnten sie in Japan immer noch eine militärische Gefahr. Die mag latent zwar bestehen, aktuell jedoch können sich sogar nordkoreanische Kriegsschiffe in japanische Gewässer vorwagen und ungestört entkommen. Die wenigen chinesischen Experten, die sich heute intensiv mit der japanischen Verteidigungspolitik beschäftigen, räumen ein, daß eine akute militärische Drohung aus Japan nicht besteht.

Gelegentlich empfiehlt es sich, die politisch leicht reizbare Atmosphäre in Peking zu verlassen, um in die Tiefen des japanisch-chinesischen Verhältnisses vorzudringen. Unschwer gelingt das in der alten Kaiserstadt Xi'an, wo man Jia Pingwa treffen kann. Er ist nicht nur der gegenwärtig berühmteste Schriftsteller des Landes, sondern auch ein Zeitgenosse, der sich intensiv mit Japan beschäftigt.

Jia lebt zurückgezogen zwischen antiken Steinkrügen, Vasen und Elfenbein in einer Backsteinwohnung auf dem Universitätsgelände von Xi'an. »Antiquitäten sind mein Hobby«, sagt der öffentlichkeitsscheue Mittvierziger zur Begrüßung, »aber ich bin ein von grundauf moderner Mensch.« Für Jia ist nicht Amerika, wo er gerade einen Literaturpreis gewann, der wichtigste kulturelle Bezugspunkt in der modernen Welt, sondern Japan, wo fast alle seine Bücher übersetzt wurden und seine Fans eine eigene Homepage über sein Werk einrichteten. Hier würde er gerne für längere Zeit leben.

In Japan wähnt Jia die gleichen Widersprüche am Werk, die ihn in seinen Gesellschaftsromanen umtreiben: »Die Widersprüche zwischen alt und neu, zwischen Tradition und Gegenwart sind unversöhnlich«, sagt der Schriftsteller. »Das Problem gibt es natürlich nicht nur in China, aber bei uns ist es in der derzeitigen Phase tiefer Veränderungen besonders spürbar. Es bedarf mehrerer Generationen, bis ein altes Land in der Moderne neu aufblühen kann.« Jia weiß genau, daß das gleiche auch für Japan zutraf.

Kein chinesischer Intellektueller von Rang und Namen würde je von einem »Japan-Modell« reden. Aber Jia spricht aus, was viele Vordenker der Reformära nicht zu sagen wagen, wenn er zumindest die Vergleichbarkeit des chinesischen und japanischen Entwicklungsweges betont. Und er hat recht, denn auf dem Markt der Ideen kämpfen beide Länder nicht so sehr gegeneinander wie jeder für sich um ein Stück kultureller Selbstbehauptung. Genau hier aber übt Japan seine uneingestandene Faszination auf China aus: Ob Dichter wie Yasunari Kawabata, Kenzaburo Oe, oder aber Karaoke, Comics oder Videospiel – ein Teil der Weltkultur trägt heute unzweifelhaft japanische Züge. Niemand aber weiß besser als Jia, daß es trotz seiner Erfolge bis heute weder einen chinesischen Yasunari Kawabata gibt, der 1968 den Nobelpreis für Literatur erhielt, noch einen Kenzaburo Oe, der dieselbe Auszeichnung 1997 bekam.

Nicht weit von Jias altertümlicher Schreibstube regiert in einer pompösen Kuomintang-Villa der Gouverneur der Provinz Shaanxi. In Xi'an, der Hauptstadt Shaanxis, soll Cheng Andong den neuen in Peking oder Shanghai geschulten Reformertyp präsentieren, der die zurückgebliebene Bauernprovinz in eine neue Zeit führt. Die Einflüsse der traditionellen Kultur seien in Xi'an groß und die Leute konservativ, lamentiert der Provinzfürst, nur wenige seien offen gegenüber neuen Gedanken. Und er fügt hinzu: »Wenn junge Leute aus Shaanxi in den Westen gehen, bekommen sie oft Schwierigkeiten. In Japan können sie sich besser an das Leben gewöhnen.« Wie fast immer, wenn Chinesen etwas Nettes über Japan sagen wollen, könnte man es auch als Kritik verstehen. Doch eines machen die Worte des Gouverneurs überraschend deutlich: Gerade dort, wo Chinesen und Japaner eigene Traditionen bewahren und weiterentwickeln, ähneln sie einander. Genauso wie das militärische Vormachtstreben im Zeitalter des Imperialismus Japan und China zu Gegnern machte, kann die Suche nach kultureller Identität im Zeitalter der Globalisierung Japan und China zusammenführen.

Das Fundament jeder interkulturellen Verständigung bilden Schrift und Sprache. Chinesen und Japaner haben es hier miteinander leichter als mit anderen. Wenn sie merken, daß ihnen die recht unterschiedlichen Sprachen nicht weiterhelfen, reichen Stift und Papier für die Kommunikation per Schriftzeichen, deren Sinn sich in beiden Ländern oft ähnelt.

Tatsächlich haben sich die chinesische und die japanische Schrift über die Jahrhunderte wechselseitig bereichert. Anfänglich lernte nur Japan von China, doch als die Japaner in der zweiten Hälfte des 19. Jahrhunderts damit begannen, Wirtschaft, Recht und Philosophie auf einen dem Westen vergleichbaren Stand zu bringen, entwickelten sie viele neue Schriftzeichen-Kombinationen für vom Ausland übernommene Begriffe, die später in die chinesische Schrift aufgenommen wurden. Ein großer Teil des modernen Vokabulars der gesellschaftlichen Aufklärung von Voltaire über Marx bis Lenin kam so über den japanischen Umweg nach China.

In Japan sagt man oft, daß sich Chinesen und Japaner aufgrund ihrer kulturellen Verwandtschaft eigentlich gut verstehen müßten. Diese Ansicht entbehrt meist jeder genaueren Kenntnis des großen Bruders, der dann besonders abschrekkend wirkt, wenn man ihn das erste Mal kennenlernt: Denn Chinesen sind viel direkter als Japaner und reden viel lauter. In China ist es üblich, gegen gesellschaftliche Regeln zu verstoßen, die dem Einzelnen in der großen Menge nie genügend Freiraum verschaffen können. Dagegen sind die Japaner bekannt dafür, auch dann noch stur an ihren sozialen Regeln festzuhalten, wenn sich diese längst als unzeitgemäß und fortschrittshemmend erwiesen haben. In China muß jeder um Aufmerksamkeit kämpfen, weil ihn sonst niemand beachtet. In Japan aber kommt man nur mit Höflichkeit weiter.

Es heißt, wenn sich ein Chinese und ein Japaner streiten, gewinnt immer der Chinese. Wenn sich zwei Chinesen mit zwei Japanern streiten, gewinnen immer noch die Chinesen. Aber wenn sich drei Chinesen mit drei Japanern anlegen, beginnen sich die Chinesen untereinander zu streiten, und es gewinnen die disziplinierten Japaner. Doch genauso könnten Deutsche und Franzosen über ihre unterschiedlichen Mentalitäten scherzen, die sie einst entzweiten, die aber heute eher als Bereicherung eines im globalen Maßstab zunehmend homogen erscheinenden Europas empfunden werden.

Heute besteht die Hoffnung, daß die großen Geschwister Asiens nicht mehr weit davon entfernt sind, endlich vernünftig zu werden. Je schneller die Globalisierung fortschreitet und je fremder sich China und Japan in der Welt fühlen, desto eher werden sie ihr Halbstarkenverhältnis ablegen und ihre Gemeinsamkeiten wiederentdecken.

Insgesamt zehn oder elf Mal in meinem Leben war ich in China. Der erste Besuch fand zu einer Zeit statt, als sowohl Mao Zedong als auch Zhou Enlai noch am Leben waren. Ich erinnere mich noch lebhaft an meine damaligen Eindrücke. Der Kontrast zu den Eindrücken von heute ist beinahe unglaublich, und er wäre absolut unglaublich, wenn ich nicht in der Zwischenzeit ziemlich regelmäßig Zeuge des schrittweisen Vollzugs einer enormen Entwicklung gewesen wäre.

Ich habe Deng Xiaoping Mitte der siebziger Jahre kennengelernt und war seit Ende der siebziger Jahre überzeugt davon, daß seine Anstrengungen Erfolg haben würden. Trotz vielerlei Kritiken in Amerika und Deutschland bin ich immer bei dieser Überzeugung geblieben. Und ich habe viele Male China gegenüber Kritikern verteidigt, nicht nur weil ich Freund dieses Volkes bin, sondern weil ich eine Vorstellung von der ungeheuren Aufgabe habe, die Deng Xiaoping und heutzutage Jiang Zemin und die ganze chinesische Regierung zu meistern haben.

Die Welt des Jahres 1999 zeichnet sich durch eine Führungskrise aus. Man kann sie in Tokio beobachten, man kann sie in beiden Koreas beobachten, man kann sie in einer großen Zahl von südostasiatischen Staaten beobachten, in Moskau und, es tut mir leid, daß ich es sagen muß, ebenso in Washington. Der serbische Krieg wegen der Greueltaten im Kosovo und die schwerwiegenden westlichen Fehler, die der Krieg mit sich gebracht hat, unterstreichen diesen Mangel eher, als daß sie ihm widersprechen. Unter diesen Umständen ist es keine Übertreibung, zu sagen: unter den wichtigen Staaten der gegenwärtigen Welt ragt die Führung Chinas heraus.

Der weltweite Mangel an politischer Führung ist fatal, wenn wir uns die Krisen der globalisierten Finanzmärkte anschauen, wenn wir z.B. die Krisen des japanischen privaten Bankensystems vor Augen haben oder den Verfall einer ganzen Zahl von Währungen. Hinzu kommt das finanzwirtschaftliche und ökonomische Durcheinander in einer Reihe der südostasiatischen Staaten, in Rußland und in mehreren lateinamerikanischen Staaten.

Als wir das letzte Mal vor der Gefahr einer weltweiten Krise standen – das war von 1973 an während der ganzen siebziger Jahre, als das OPEC Kartell der ölexportierenden Staaten versuchte, die Ölpreise auf das Zwanzigfache zu erhöhen – bestand die Gefahr, daß die Liquidität einer Reihe von ölverbrauchenden Staaten verlorengehen könnte. Damals haben wir die sogenannnten *summits of seven* erfunden, die Siebener-Gipfel. Sie wurden erfunden, um die Funktionsfähigkeit der Weltwirtschaft aufrechtzuerhalten. Und wir waren damit außerordentlich erfolgreich. Gegenwärtig sind die Ölpreise niedrig wie seit langer Zeit nicht mehr und in der Zwischenzeit ist keiner der ölverbrauchenden Staaten zusammengebrochen.

In den neunziger Jahren gibt es leider keine entsprechende vergleichbare Anstrengung, die auf die Aufrechterhaltung der Funktionsfähigkeit der ganzen Weltwirtschaft gerichtet ist. Diese Abwesenheit von Führung ist in meinen Augen gefährlich, weil niemand ausschließen kann, daß die weltweite Finanzkrise in eine Depression der wirklichen Güterwirtschaft der Welt einmündet – eine Depression, die nicht notwendigerweise passieren muß, aber tatsächlich passieren könnte. Niemand kann das vorhersagen. Ob es dazu kommt oder nicht, hängt davon ab, ob Regierungen in der Zukunft, zusätzlich zu den Fehlern, die sie in den letzten anderthalb Jahren gemacht haben, noch weitere hinzufügen.

Die Globalisierung der Finanzmärkte, der Weltwirtschaft

und des Güteraustausches führen zwangsläufig dazu, daß international operierende Gesellschaften, Firmen, Banken, Fonds, einschließlich der Investmenthäuser an Macht gewinnen, während gleichzeitig bei vielen Regierungen ein Kompetenzverlust zu beobachten ist. Um ein Beispiel zu geben: Nicht nur in Bermuda fehlt es an einer ausreichenden Bankenaufsicht, auch in New York, London oder Frankfurt, in Rußland, Indonesien und an vielen Plätzen fehlt es an einer Aufsicht über die heutigen privatwirtschaftlichen finanziellen Institute auf einer täglichen Basis. Das gilt für die *hedge funds*, das gilt für die Geschäftstätigkeit in Derivaten, das gilt für alle Investmentinstitute, sobald sie in Papier und Geld handeln.

Wir erleben heute ein Ausmaß an Spekulationismus, das es früher noch niemals gegeben hat. Selbst angesehene Geschäftsbanken, selbst Sparkassen sind nicht ausreichend beaufsichtigt. Der nur mit Mühe abgewendete Bankrott von Hunderten amerikanischer Sparkassen sowie von zehn oder zwölf ganz großen japanischen Banken ist ein Resultat dieses besorgniserregenden Zustands.

In China hat sowohl die politische Führung als auch die Führung der People's Bank of China Lehren aus der Südostasien-Krise gezogen, die man in den USA und Europa vorerst noch vermißt: Bei der Präsentation des neuen chinesischen Finanzsystems hat man besonderen Nachdruck auf die Aufsicht über die Finanzinstitute gelegt.

Dringend nötig wäre heute ein regelmäßiges Treffen der Chefs der neun wichtigsten Staaten, d. h. der Industriestaaten der alten G7-Gipfeltreffen unter Einschluß Chinas und Rußlands. Sie sollten die Probleme analysieren und darüber zu gemeinsamen Lösungen zu kommen. In der Zukunft muß verhindert werden, daß *hot money*, sehr kurzfristiges Geld, weiter ganze Volkswirtschaften ruiniert, wie in Südostasien geschehen. Zweifellos haben vorher die dortigen Regierungen eine Reihe von Fehlern gemacht. Aber das spekulative kurzfristige Geld hat die Lücken spontan, rücksichtslos und egoistisch ausgebeutet und schweren Schaden angerichtet. Die neun sollten gemeinsam entscheiden, wie hemmungslose private Finanzinstitute und alle ihre undurchsichtigen modernen Geschäfte in den Geldmärkten unter Aufsicht zu bringen sind.

Ich möchte nicht mißverstanden werden. Ich rede nicht von einer Aufsicht über internationale Fix-Investments. Ich rede nicht über internationale Joint-ventures. Ich rede nicht über die kreditweise Finanzierung des internationalen Handels in Öl, Gas, Getreide oder Industrieprodukten. Ich rede von den telefonischen, computerisierten, privaten Manipulationen von Aktien, Währungen, *options, swaps* und tausend anderen Typen von finanziellen Derivaten, die die Vorstände der Banken kaum noch begreifen, nur noch die Händler.

Der Weltwährungsfond (IWF) muß aufhören, korrupte oder unfähige Regierungen zu retten. Er muß aufhören, mit Hilfe des Geldes von Steuerzahlern westlichen Kreditoren von schlechten Krediten aus der Patsche zu helfen. Der IWF muß aufhören, auf der Basis von Ideologien aus Harvard oder Chicago anderen Regierungen in anderen Teilen der Welt Ratschläge zu erteilen. Ich stimme dem englischen Premierminister Tony Blair voll zu, der verlangt hat, den IWF grundlegend neu zu konstruieren. Im übrigen bin ich der Meinung, daß die exzessive Freiheit, welche heute einige wenige zehntausend habgierige Dealer und Spekulanten nutzen, um sich zu bereichern, nicht dazu führen darf, die Weltwirtschaft von sechs Milliarden Menschen zu gefährden.

Für chinesische Ohren mag das so klingen, als ob die eben genannten Probleme China nicht betreffen. In der Tat, sie betreffen China nicht direkt, weil dieses Land bei der Herbeiführung der Konvertibilität seiner Währung sehr vorsichtig vorgeht, was den grenzüberschreitenden kurzfristigen Geldverkehr angeht, und außerdem eine Währungsreserve von 140 Milliarden amerikanischen Dollars angesammelt hat. Die chinesische Regierung ist, wie ich glaube, mit Recht vorsichtig. Aber indirekt wird natürlich auch China von diesen globalen Problemen betroffen. Das gilt für chinesische Exporte, das gilt für die chinesische Wirtschaft und die Beschäftigung. Insbesondere würde China noch mehr betroffen sein, wenn es zu einer weiteren Domino-Kette von Währungsabwertungen käme.

Es sieht im Moment leider nicht danach aus, als ob irgendeine Regierung eines großen Landes die Initiative für ein solches G9-Treffen ergreifen wird. Deshalb liegt die letzte Verantwortung gegenwärtig allein bei den nationalen Regierungen, die versuchen müssen, ihre nationale Volkswirtschaft abzuschirmen, so gut es geht.

In zwanzig oder fünfundzwanzig Jahren wird die chinesische Volkswirtschaft dasselbe Volumen haben wie die japanische Volkswirtschaft, und zehn Jahre später wird sie ebenso groß sein wie die amerikanische Volkswirtschaft, oder die Volkswirtschaft, der Europäischen Union. Heute in fünfundzwanzig Jahren und spätestens in dreißig Jahren werden wir drei Welt-Währungen haben, drei große Währungen mit Weltbedeutung, nämlich den amerikanischen Dollar, den Euro und die chinesische RMB. Schon heute aber wäre jeder klug beraten einzusehen, daß es nicht nur eine Weltmacht gibt, sondern mindestens drei: nicht nur die USA, sondern auch China, auch Rußland, trotz seiner enormen Schwierigkeiten und außerdem die Finanzmacht Japan. Und in weniger als dreißig Jahren kann auch die Europäische Union zu einer Weltmacht aufsteigen.

Die Menschheit braucht Führung und Stabilität. Sie kann von einzelnen Personen wie Deng Xiaoping ausgehen, und sie kann auch von einer großen Nation ausgehen. Ich bin überzeugt, und das seit beinahe fünfundzwanzig Jahren, daß China in der Zukunft einer der großen Führungsstaaten sein wird – am Beginn und zunehmend während des ganzen Verlaufs des einundzwanzigsten Jahrhunderts. Die Europäische Union oder die fünfzehn Mitgliedsstaaten der Europäischen Union sind hoch interessiert am wirtschaftlichen und technologischen Austausch und am Handel mit der Volksrepublik China. Und ihre Regierungen sind hoch interessiert an der politischen Kooperation mit China.

Dieses Buch von Georg Blume und Chikako Yamamoto gibt dem deutschen Leser einen Eindruck von den immensen Problemen, mit denen die Chinesen zu kämpfen haben, in den Städten und in den Provinzen, dort, wohin der Blick des durchreisenden Besuchers aus dem Westen nur selten fällt. Was dieses Buch aber vor allem zeigt, das ist der Geist des Aufbruchs, der mehr als alles andere das China der kommenden Jahrhundertwende charakterisiert.

*Karte: Gisela Breuer*

*Lesen Sie weiter*
# Wagenbachs *andere* Taschenbücher

**Tilmann Buddensieg** *Berliner Labyrinth, neu besichtigt*
Von Schinkels Unter den Linden bis Fosters Reichstagskuppel

»Verrücktes Berlin! Ein kompaktes, temperamentvolles Buch!«
Manfred Sack, Die Zeit

WAT 345. Veränderte und erweiterte Neuausgabe. 224 Seiten mit zahlreichen Abbildungen

3. Auflage, in neuer Ausstattung:
**Mireille Hadas-Lebel** *Massada*
Der Untergang des jüdischen Königreichs oder
die andere Geschichte von Herodes

»Die Autorin macht den letzten Widerstand der Juden gegen Roms Legionen auf der Bergfestung Massada zum Knotenpunkt eines Panoramas, in dem der Ablauf von Jahrtausenden im Wechselspiel von Mythos und Historie transparent wird.« Jakob Hessing, FAZ

WAT 294. 144 Seiten mit Abbildungen

**Pierre Vilar** *Spanien*

Das Land und seine Geschichte von den Anfängen bis heute, geschrieben von »einem der maßgeblichsten Hispanisten dieses Jahrhunderts.«
Martin Baumeister, FAZ

Aus dem Französischen von Wolfgang Kaiser
WAT 309. 192 Seiten

**Pierre Vilar** *Der Spanische Bürgerkrieg*
1936–1939

Eine Geschichte des Spanischen Bürgerkriegs, seiner Voraussetzungen und seiner beiden Parteien, geschrieben vom bedeutendsten Kenner der Geschichte Spaniens.

Aus dem Französischen von Wolfgang Kaiser
WAT 334. 144 Seiten mit zahlreichen Abbildungen

**Giampiero Carocci** *Kurze Geschichte des amerikanischen Bürgerkriegs*
Der Einbruch der Industrie in das Kriegshandwerk

Eine aktuelle, detailreiche und spannende Einführung in den ersten industrialisierten Krieg der Geschichte.

Aus dem Italienischen von Friederike Hausmann
WAT 281. Deutsche Erstausgabe. 160 Seiten mit vielen Abbildungen